大生档案

DASHENG DANG'AN

【张謇事业的历史记录】

朱 江 著

苏州大学出版社
Soochow University Press

图书在版编目（CIP）数据

大生档案 / 朱江著. -- 苏州：苏州大学出版社，2022.7
（江海文化丛书 / 姜光斗主编）
ISBN 978-7-5672-2877-1

Ⅰ.①大… Ⅱ.①朱… Ⅲ.①大生纺织公司—企业史—史料 Ⅳ.①F426.81

中国版本图书馆CIP数据核字(2022)第105183号

书　　名	大生档案	
著　　者	朱　江	
责任编辑	薛华强	
出版发行	苏州大学出版社	
	（地址：苏州市十梓街1号　邮编：215006）	
印　　刷	南通超力彩色印刷有限公司	
开　　本	890 mm × 1 240 mm　1/32	
印　　张	8.25	
字　　数	199千	
版　　次	2022年7月第1版	
	2022年7月第1次印刷	
书　　号	ISBN 978-7-5672-2877-1	
定　　价	36.00元	

图书若有印装错误，本社负责调换
苏州大学出版社营销部　电话：0512-67481020
苏州大学出版社网址　http://www.sudapress.com

"江海文化丛书"编委会

主　任：周剑浩
成　员：李明勋　姜光斗　李　炎　季金虎
　　　　施景钤　沈启鹏　周建忠　尤世玮
　　　　徐国祥　胡泓石　沈玉成　黄建辉
　　　　陈国强　赵明远　王加福　房　健

总　编：尤世玮
副总编：沈玉成　胡泓石

"江海文化丛书"总序

李 炎

由南通市江海文化研究会编纂的"江海文化丛书"(以下简称"丛书"),自2007年启动,从2010年开始分批出版。

我想,作为公开出版物,这套"丛书"面向的不仅是南通的读者,还会有国内其他地区甚至国外的读者。因此,简要地介绍南通市及江海文化的情况,显得十分必要。这样不仅便于读者了解南通的市情,以及江海文化形成的自然环境、社会条件和历史过程,而且也便于读者了解出版这套"丛书"的指导思想、选题原则和编写体例。总之,介绍这套"丛书"相关的背景情况,将有助于读者阅读和使用。

南通市位于江苏省中东部,濒江(长江)临海(黄海),三面环水,形同半岛。它背靠苏北腹地,隔江与上海、苏州相望。南通以其独特的区位优势及人文特点,被列为我国最早对外开放的14个沿海港口城市之一。

南通市所处的这块冲积平原,是由于泥沙的沉积和潮汐的推动自西北向东南逐步形成的,俗称"江海平原",是一片古老而又年轻的土地。境内的海安县[1]沙岗乡青墩新

---

[1] 2018年,经国务院批准,撤销海安县,成立海安市。

石器时代遗址告诉我们，距今约5 600年，就有先民在此生息繁衍；而境内启东市的成陆历史仅300多年，设县治不过80多年。在漫长的历史过程中，这里有沧海桑田的变化，有八方移民的杂处，有四季分明、雨水充沛的天时，有产盐、植棉的地利，还有一代代先民和谐共存、自强不息的人和。19世纪末20世纪初，这里已成为我国实现早期现代化的重要城市。晚清状元张謇办实业、办教育、办慈善，以先进的理念规划、建设、经营城市，使南通走出了一条与我国近代自开商埠的城市和曾被列强所占据的城市迥然不同的发展道路，因而被誉为"中国近代第一城"。

南通于五代后周显德五年（958年）筑城设州治，名通州。北宋时，通州一度改称"崇州"，又称"崇川"。辛亥革命后，通州废州立县，称"南通县"。1949年2月，南通县改县为市，市、县分治。1983年，南通地区与南通市合并，实行市管县新体制，并沿用至今。目前，南通市下辖海安、如东二县，如皋、海门、启东三市，崇川、港闸、通州三区和一个国家级经济技术开发区[1]；占地8 001平方千米，常住人口约770万，流动人口约100万。据国家权威部门统计，南通目前的总体实力在全国大中城市（不含台、港、澳地区）中排第26位，在全国地级市中排第8位。多年来，在各级党委、政府的领导下，经过全市人民的努力，南通获得了"全国文明城市""国家历史文化名城""全国综合治理先进城市""国家卫生城市""国家环保模范城市""国家园林城市"等称号，并享有"纺织之乡""建筑之乡""教育之乡""体育之乡""长寿之乡""文博之乡"等美誉。

江海文化是南通市独具特色的地域文化，上下五千年，

---

[1] 2020年，南通市下辖如东一县，如皋、海安、启东三市，崇川、海门、通州三区和一个国家级经济技术开发区。

南北交融,东西结合,它具有丰富的历史内涵和深邃的人文精神。同其他地域文化一样,江海文化的形成,不外乎两种主要因素:一是自然环境,二是社会结构。她与其他地域文化不尽相同之处是:由于南通地区的成陆历史经过了漫长的岁月和不同的阶段,移民的特点呈现出多元性和长期性;客观上又反映了文化来源的多样性及相互交融的复杂性,使得江海文化成为一种动态的存在,是"变"与"不变"的复合体。"变"的表征是时间的流逝,"不变"的表征是空间的凝固;"变"是组成江海文化的各种文化"基因"融合后的发展,"不变"是原有文化"基因"的长期共存和特立独行。对这些特征、这些传统,我们需要全面认识、因势利导,也需要充分研究和择优继承,从而系统科学地架构起这一地域文化的体系。

正因为江海文化依存于独特的地理、自然环境,蕴含着自身的历史人文内涵,因而她总会通过一定的"载体"体现出来。按照联合国教科文组织的分类,"世界遗产"可分为三类,即世界文化遗产(包含文化景观)、世界自然遗产、世界文化与自然双重遗产。而历史文化人物、历史文化事件、历史文化遗址、历史文化艺术等,又是这三类中常见的例证。例如,我们说南通人文荟萃、名贤辈出,可以随口道出骆宾王、范仲淹、王安石、文天祥、郑板桥等历代名人在南通留下的不朽篇章和趣闻轶事;可以随即数出三国名臣吕岱,宋代大儒胡瑗,明代名医陈实功、文学大家冒襄、戏剧泰斗李渔、曲艺祖师柳敬亭,清代"扬州八怪"之一的李方膺等南通先贤的生平业绩;进入近代,大家对张謇、范伯子、白雅雨、韩紫石等一大批南通优秀儿女更是耳熟能详;至于说现当代的南通籍革命家、科学家、文学家、艺术家及各行各业的优秀人才,更是不胜枚举。他们身上都承载着江海文化的优秀传统和人文精神。同样,其他类型的历史文化也都是认识南通和了解江海文化的亮点与切入口。

本着"文化为现实服务,而我们的现实是一个长久的现实,因此不能急功近利"的原则,南通市江海文化研究会在成立之初,就将"丛书"的编纂工作作为自身的一项重要任务。

我们试图通过对江海文化的深入研究,将其中一部分能反映江海文化特征,反映其优秀传统及人文精神的内容和成果,系统地进行整理、编纂,直至结集成"丛书"。这套"丛书"将为南通市政治、经济、社会全面和谐发展提供有力的文化支撑,为将南通建成文化大市和强市提供参考,同时也为"让南通走向世界,让世界了解南通"做出贡献。

目前,"丛书"的编纂工作正按照纵向和横向两个方向逐步展开。

纵向——精选不同时代南通江海文化发展史上的重要遗址(迹)、重大事件、重要团体、重要人物、重要成果,确定选题,每一种写一方面具体内容,编纂成册。

横向——从江海文化中提取物质文化或非物质文化的精华,如"地理变迁""自然风貌""特色物产""历代移民""民俗风情""方言俚语""文物名胜""民居建筑""文学艺术"等,分门别类,进行归纳,形成系列。

我们力求使这套"丛书"的体例结构基本统一,行文风格大体一致,每册字数基本相当,做到图文并茂,并兼有史料性、学术性和可读性。先拿出一个框架设想,通过广泛征求意见,确定选题;然后通过自我推荐或选题招标,明确作者和写作要求,不刻意强调总体同时完成,而是成熟一批出版一批;最后经过若干年努力,基本完成"丛书"的编纂和出版。有条件时,还可以不断补充新的选题。在此基础上,最终完成"南通江海文化通史""南通江海文化学"等系列著作。

通过编纂"丛书",我有以下四点较深的体会:

第一,必须有系统深入的研究基础。我们从这套"丛书",看到了每一单项内容研究的最新成果,而且作者都是具有学术素养的资料收集者和研究者;同时以学术成果支撑"丛书"的编纂,增强了它的科学性和可信度。

第二,关键在广大会员的参与。选题的确定,不能光靠研究会领导,发动会员广泛参与、双向互动至关重要。这样不仅能体现选题的多样性,而且由于作者大多是会员,他们最清楚自己的研究成果及写作能力,只要充分调动其积极性,就可以提高作品的质量及成书的效率。

第三,离不开各方面的支持。这包括出版经费的筹措和出版机构的运作。由于事先我们主动向上级领导汇报,向有关部门宣传,使出版"丛书"的重要性及迫切性得到认可,基本经费得到保证;与此同时,"丛书"的出版得到苏州大学出版社的支持,以及该出版社从领导到编辑的高度重视和大力配合;印刷单位全力以赴,不厌其烦。这大大提高了出版质量,缩短了出版周期。在此,我们由衷地向他们表示谢意和敬意!

第四,有利于提升研究会的水平。正如有的同志所说,编纂和出版"丛书",虽然有难度、很辛苦,但我们这代人不去做,再过10年、20年,就更没有人去做,也就更难做了。我们活在世上,总要做些虽然难但应该做的事,总要为后人留下些有益的精神财富。在这种思想的支撑下,我深信研究会定能不辱使命,把"丛书"的编纂及其他各项工作做得更好。

研究会的同人嘱托我在"丛书"出版之际写几句话。于是,我有感而发,写了以上想法,作为序言。

2010年9月
(作者系南通市江海文化研究会第一届、第二届会长)

目 录

引 言 …………………………………………………… 1

第一章 大生档案的形成 …………………………………… 11
    第一节 张謇的档案意识 ……………………………… 12
    第二节 大生档案的由来 ……………………………… 21
    第三节 大生档案的内容 ……………………………… 31
    第四节 大生档案的价值 ……………………………… 42

第二章 大生沪所 …………………………………………… 54
    第一节 暂寓广丰洋行 ………………………………… 55
    第二节 借驻春裕成 …………………………………… 63
    第三节 从裕源到外滩 ………………………………… 73
    第四节 从南通大厦到保安坊 ………………………… 83

第三章 企业资产向社会记忆的转化 …………………… 96
    第一节 张敬礼选择留在大陆 ………………………… 97
    第二节 移交南通市档案馆 …………………………… 107
    第三节 研究利用的开端 ……………………………… 117

第四节　《张謇日记》的出版……………………124
　　　第五节　章开沅的南通之行………………………130
第四章　征集与补充…………………………………138
　　　第一节　台北近代史研究所档案馆………………139
　　　第二节　徐家汇藏书楼……………………………146
　　　第三节　耶鲁大学神学院图书馆…………………157
第五章　拓展张謇研究………………………………168
　　　第一节　顾延卿的法国来信………………………169
　　　第二节　怀德堂和南通新育婴堂…………………174
　　　第三节　张孝若收集整理的《父训》……………183
　　　第四节　张謇担保南京临时政府向三井洋行借款
　　　　　　　………………………………………………191
　　　第五节　张謇与荣宗敬、荣德生兄弟……………200
第六章　助推对大生企业的探究……………………207
　　　第一节　大生创业团队核心成员吴寄尘…………208
　　　第二节　天生港自开商埠…………………………218
　　　第三节　通泰盐垦五公司银团债票………………225
　　　第四节　天生港电厂………………………………237

主要参考文献……………………………………………248
后　记……………………………………………………250

引 言

　　档案,是人们在历史进程中从事各类社会活动自然形成的原始记录。档案作为历史发展的产物,与社会活动的开展相伴相生。档案因其原始记录性,被认为是最接近于事实真相的历史文献,成为后人研究历史、探求实情、摸索规律的重要依据。

　　大生档案,从广义的角度讲,是清末状元、实业家、教育家、社会变革家张謇及其创业团队,以及他们的事业继承者,在兴办实业、倡导教育、捐资公益事业等方面直接形成的历史记录,也有一定数量的个人和家庭活动所直接形成的历史记录。但本书所述的大生档案,为狭义的概念,也是档案界和历史学界普遍认同的,即保存在江苏省南通市档案馆,包括4个人物全宗和23个单位全宗的近万卷档案。这些档案基本涵盖了1895年因张謇筹办大生纱厂而引发的南通的工业革命,以及由此发轫的南通早期现代化的探索历程,是对这段历史基本完整的反映。按照现在的档案分类方法,这些档案大致可以分为文书档案、会计档案和实物档案。文书档案包括信函、合同、购地文契、股东名册、股东会记录、董事会记录、说略账略[1]、

---

[1] 旧时"帐""账"通用,本书除原文照录,帐房、沪帐房用"帐",一般用"账"。

规章、收发文簿等；会计档案包括日抄、内流、草流、往来账、总账、轮船装货回单、寄货簿、庄票录根、送银回单、报关簿、配货簿、收货簿等；实物档案包括布样、印章等。

  笔者于1990年大学毕业，被分配到南通市档案馆工作。作为一个海门人，之前竟然根本没有听说过张謇，既属于孤陋寡闻，也实在是匪夷所思。海门镇南边原来的秀山公社（乡），那里最繁华之处是一个名叫横沙镇的集市，有供销社、邮电所、信用社、饭店，那是笔者儿童时代的乐园。往南走两千米有个圩角闸，笔者的家就位于横沙镇和圩角闸之间，再过去两千米就是浩瀚的长江。近年看张謇的日记，才知道张謇年轻时常往来其间。清同治十二年十一月二十八日（1874年1月16日），张謇"往圩角问敬轩疾，略谈。偕石一泉、孙瑶圃观海，有五律一首"[1]。二十九日（1月17日），张謇"偕子青、瑶圃、一泉、树亭世丈谈。饭后往海，道由横沙镇，过倪也迂宅略坐。偕子青诣海"[2]。这里的观海，并不是看大海，而是看长江，长江到南通地界，便是最宽阔所在。1984年南通成为对外开放的14个沿海城市之一，5月8日至10日，国务院分管对外开放工作的谷牧副总理到通视察。谷牧考察了南通经济技术开发区的选址之一富民港地区，这是一片濒江的土地，位于后来建成的苏通大桥北桥头的西侧，谷牧亲临沿江察看后说："这里一望无际，真是大海啊！"[3]

  长江带来的丰沛泥沙，造就了南通沿江大片肥沃的土地，这里特别适宜种植棉花，是闻名遐迩的优质棉产区。在秀山中心小学读书时，每到秋高气爽的季节，最快意的事情

---

  [1][2]李明勋、尤世玮主编：《张謇全集》（8），上海辞书出版社2012年版，第8页。下文凡再次引用，只标注书名与页码。其他文献引用的标注，均照此例。

  [3]朱剑：《抓住开放的龙头不放》，《朱剑回忆录》，第137-140页。

就是去棉田摘棉花。这项劳动由学校组织,给周边的生产小队帮忙。小伙伴们把书包清空,欢快地跟着老师,奔向蓝天下的那一片洁白。松松软软的棉朵,很快就把小小的书包撑满。我们马上把采撷的棉花倒在大布包中,又飞奔回田里。这与其说是劳动,不如讲是快乐的游戏,现在想来,都是那么惬意!张謇创办大生纱厂,并连年盈利,依靠的就是通海地区(通州和海门的合成,现属南通市区)的棉花种植和手工棉纺织业。后来这里的棉花种植面积渐渐变少,农户现在偶或种植少许,用于自家做棉被。

小时候经常去上海,坐上二等车,沿着乡间小路到青龙港,坐轮船进吴淞口,黄浦江岸边建筑、车辆和行人渐渐多起来,那时候浦东还很荒凉,浦西外滩却是车水马龙,牢牢吸引着笔者的眼球。踏上十六铺码头,就可以到大上海体验都市生活。吴淞、十六铺一带,曾经留下张謇的足迹,倾注了张謇的心血,那时候笔者却浑然不知。

但笔者最终还是走近了张謇,并且是以一种独特的方式。正式到单位报到的第一天,笔者便被安排到南通市档案馆的四楼,从事大生档案的整理工作。当时的南通市档案馆位于南通老城区的中心。那天起了个大早,搭了一辆从老家开往南通市区的卡车。车到易家桥,司机帮忙把自行车从卡车上卸下,指着一条北向的小巷说:"一直骑,到底就是市政府了。"于是,先是在窄窄的巷子里骑行,过了一座桥(后来知道叫长桥),发现街面开阔许多,也热闹很多。再经过一个转盘,就看到一座钟楼,经过钟楼下面的圆拱门,就看到南通市人民政府的牌子。笔者就职的单位——也是笔者服务至今的单位——南通市档案馆,当时就在门牌号码为建设路1号的这个大院的东北角。

档案馆坐北朝南,四层楼,每层居中的是一间大办公室,两侧是库房,左右各有四间,两间朝阳,两间背阴,中间有个过道。四楼办公室大约50平方米，靠窗面朝西依次摆放三套办公座椅，笔者被安排在最东侧，前面是茅春江和冒巧云，张宗和坐在一张大整理桌边上。他们都是离退休后被请来的，张宗和离休前是档案馆的副馆长，茅春江和冒巧云则是退休教师。档案馆的退休职员王永嘉也在这里工作，但印象中他没有固定的办公桌。张宗和瘦削，戴一副高度近视眼镜，不善言辞，坐下来往往就是埋头半天。他体弱，走到四楼办公室，需要中途歇好长一会。档案馆留了电梯井，大概是经费问题，直到被拆除都没有装电梯。张宗和古文基础非常好，那些难辨的文字，对他来说似乎是小菜一碟。偶尔累了，会点上一支烟，聊作解乏。近年查阅大生档案，看到张宗和整理的案卷，确切的案卷题名、详尽的卷内目录，还有颇具启迪的案卷内容介绍，深感其功力之深，为后来者提供了诸多便利。茅春江则相对健谈，从他那里了解到很多张謇和大生企业的背景与知识，他撰写的大生企事业单位概况至今仍有参考价值。冒巧云亦不多言，印象中就是默默做事，遇到人笑笑算是打个招呼，偶或也抽一支烟。

由于笔者是参与大生档案整理工作的唯一在职人员，负责档案馆基础业务工作的严玉龙便把保管大生档案的库房钥匙全部交给笔者。大生档案库房位于四楼办公室的左侧，大门很沉，钥匙是Anchor牌子，铜质，大约15厘米长。朝南的两间库房401室和402室，放着已经整理好的档案，北侧的403室和404室，里面是未经整理的散件和图书。相当长时间内，大生档案库房是档案馆仅有的安装空调的场所。

大生档案的整理工作由张宗和牵头，他没有急于叫笔者投入整理工作，而是吩咐笔者先看点书。于是，笔者看了一些相关资料。考虑到要辨认前人写的字，还特别研读了上大学时买的却一直没有好好看的一本字帖。最初着手整理的大生档案，主要是英文材料。大生档案的整理，需要反复研读档案的内容,自己搞明白,才能开始组卷,抄写卷内目录,装订成册,节奏不快,也快不起来。档案业务就是在慢慢琢磨中渐渐熟悉的。

除了翻阅档案的细微声响,四楼办公室往往整天都很安静。空气中弥漫着老旧纸张特有的呛人气味,桌上堆放的档案,容易把人的思绪带到遥远的过去。有时候还会遐想,这封信是写作者在何种心绪下挥就的,接信者读完后又是如何的反应,引发了什么样的后果,之后几经周折,才呈现在档案工作者和历史研究者面前,无声地叙述着历史的跌宕起伏。档案原件能够把人带到历史的场景中去,感受其中的原始气息,那是精度再高的扫描件都无法提供的。出于保护档案的目的,现在的查阅者已经很少能直接接触原件了,一般都是在电脑上看电子版。电子版携带的信息量,相比原件其实已经减少了,特别是载体信息,很难从电脑上感知原件的尺寸和用纸,而这些恰恰是还原历史的要素。笔者有幸能近距离与大生档案相伴多年。

立卷工作基本结束后,老同志回家了。大生档案最终设立全宗、排列顺序、编写目录,是负责档案馆基础业务工作的整理室的全体同志一起完成的。之后笔者先后从事档案学会、监督指导等工作。2004年,南通市档案馆搬迁至世纪大道6号行政中心内。2006年,笔者担任刚刚成立的档案资源建设与开发处处长一职,再一次与大生档案直接打交道。大生档案,是南通市档案馆编研工作的主要档案来源,也是档案征集工作的导向。大生档案最初的源头在哪里?又是如何辗转来到档案馆的?多年来萦绕在脑际的问题愈发清晰,也迫切地希望得到答案。

2006年,距离张謇1895年筹办大生纱厂已过去了一个多世纪,不要说初创者,即使是他们事业的继承者,也大都已离世。大生档案作为实体存在着,它的形成史,在张謇及

位于建设路1号南通市政府大院的南通市档案馆，1978年9月竣工，10月上旬验收，11月交付使用，2005年拆除

南通市档案馆2004年夏迁址世纪大道6号行政中心

其创业团队留下的文献里只有片言只语。大生档案的保管历史同样值得探寻,文献流传讲求传承有绪,不同的人在不同的历史阶段,接力保管大生档案的过程,在近现代历史风云变幻的背景下,一定有耐人寻味的故事。

通过不断研读馆藏的大生档案,笔者逐渐了解到,大生档案的形成者主要就是张謇本人和大生沪所。张謇年轻时,曾先后在原通州知州、后来负责江宁发审局的孙云锦,以及庆军统领吴长庆处当过幕僚。幕僚相当于私人秘书,从文书学和档案学的角度讲,幕僚既处理文书,也管理档案,是个兼职的档案管理员。大生档案的丰富反映了张謇的档案意识之强,张謇十分重视档案的形成与积累,他的儿子张孝若所作的《南通张季直先生传记》的"自序"中说:"我父有许多实在的事业,他一生几乎没有一件事没有一篇文字的。"

从数量构成的角度看,大生档案的绝大部分在大生沪所形成。就理论而言,大生系统各个单位在存续期间都会形成相应的档案,但是由于战争以及其他未知的原因,张謇在南通所创立的企事业单位,如大生纱厂、通海垦牧公司等,其形成和保管的档案,绝大部分都已不存于世。作为大生企事业单位在上海的窗口,大生沪所历经岁月的风霜,它的档案幸运地留存了下来。大生档案中有一卷1953年9月编制的《沪所文卷总目录》[1],反映了大生沪所在中华人民共和国成立后第一次从上海运回南通的档案,于1953年8月27日至9月26日初步清理的情况,也印证了笔者的判断。大生沪所在上海的驻地几度变更,其实就是大生档案在上海的迁徙

---

[1] 南通市档案馆馆藏档案B401-111-1018。下文凡南通市档案馆馆藏档案,只标注档号。根据南通市档案馆馆藏分类方案,A代表民国档案,B代表大生档案,E代表中华人民共和国成立后档案,F代表人物档案。

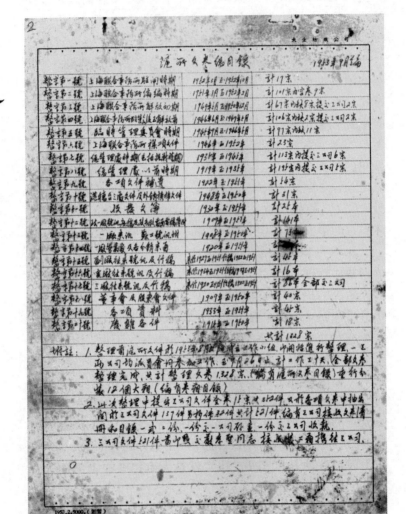

沪所文卷总目录

过程,笔者曾按照大生档案的记载,多次寻觅大生沪所的旧址,想象着大生沪所员工不断积累、悉心保存、小心搬迁这些珍贵档案的场景。

走访知情者,取得口述,是在没有第一手资料的情况下无奈而又现实的举措,当然口述史料必须与档案相印证。这方面取得的第一个突破,是得到长期在南通文化系统工作的穆烜的帮助。2006年5月23日,笔者拜访家住南通老城区西南营34号的穆烜。在与这位南通市档案馆档案征集对象的交流中,意外地得知他对20世纪五六十年代大生档案的情况相当熟悉,因为他本人就是大生档案的利用者、整理者,乃至是中华人民共和国成立后,最早的大生档案出版物《张謇日记》出版过程的亲历者。按照穆烜的指点,笔者随后采访了洪国辉和杨桐。1962年,时任大生一厂厂办秘书的洪国辉,具体经手把上海剩余的大生沪所档案运回南通,直接入藏南通市档案馆,时任馆长为杨桐。1966年年初,南通市档案馆出于备战考虑,清理档案,并需用库房,经请示副市长曹从坡,把大生档案移存至南通市图书馆。70年代大生档案回归南通市档案馆,80年代初对零散件进行整理,90年代初对外开放。大生档案通过几代人的接力,从企业的资源成了社会的记忆,成了研究中国近代史、张謇的企业家精神和家国情怀的重要资料。

"误打误撞"进入档案行当,因工作原因与大生档案结缘。由大生档案,笔者对张謇有了全面而深入的了解,了解愈多,内心愈发感动,以至把挖掘、整理、研究大生档案的相关工作当成事业去尽力而为。从大生档案的整理起步,参与大生档案的境内外征集,从事大生档案史料的编纂出版,再到对张謇与大生企业的研究,大生档案几乎伴随笔者整个档案职业生涯。作为一个普通的档案工作者,"为国守史"是一项基本而崇高的任务,把大生档案这一国家重点档案的形成、保管、整理和开发本身考证清楚,其实也是"为国守史"的一部分。随着时光流逝,当事者渐渐老去,这个工作显得更加紧迫和重要。每一代人都会逐步退出舞台,这个课题的基本完成,既是一个时期的总结,也可以算作给年轻的档案人的一个接力棒吧。

2004年7月8日,作者在南通市档案馆搬迁之际,摄于老楼前

第一章 大生档案的形成

张謇是大生纱厂的创办人。历经曲折，大生纱厂于1899年成功开车，之后连年盈利，使得张謇在大生纱厂的经营管理方面，拥有了至高无上的话语权。张謇的档案意识，决定了大生纱厂，乃至后来的大生系统单位档案积累和保管的意识与水平。

档案意识，是人们对档案价值的认识，由此引发对档案的积累、保管和利用的行为。档案意识的实质是权利意识，因为档案具有原始的凭证价值，是用于证明事物原委的最直接的证据。档案意识同时也是一种文化自觉，是通过有意识地保存历史文献，起到传承文明、维护历史真实面目的作用。

如果说人们出于趋利除弊的考虑，天然地有着或多或少的档案意识，积累和保存一些与自身利益密切相关的档案（如地契、借据等），那么张謇的幕僚生涯，大大增强了他的档案意识，使他开始自觉地形成和保管档案，更善于利用档案。

第一节　张謇的档案意识

张謇的档案意识，与他的幕僚生涯有着直接的关系。幕僚，又称师爷、幕宾、幕客、幕友等，江平主编的《中国司法大辞典》（吉林人民出版社1991年版）提到幕僚源于秦汉，成于唐，盛于清。清代幕僚由地方各级官府主官（幕主）自行延聘，只对幕主负责，幕僚协助幕主办理公务，如起草文书、批阅文卷、办理司法诉讼、处理户籍赋税等事宜。幕僚相当于私人秘书，既处理文书，也管理档案，因此可以视作兼职的档案管理员。

晚清很多著名人物都做过幕僚，甚至有名臣起家幕僚的说法，如曾国藩的幕僚就有李鸿章、郭嵩焘、左宗棠、丁日昌等多人。而李鸿章的幕府集中了当时洋务和外交方面的优秀人才，其中包括洋务派的代表人物盛宣怀，盛宣怀给后人留下大量档案，包括日记、信札、电报、账册等，上海市图书馆保存有15.7万件（其中部分为盛宣怀家族形成），被称为中国私人档案第一藏。[1] 曾为张之洞幕

《远东时报》1913年11月，封面为张謇头像

---

[1] 上海图书馆网站"盛宣怀档案知识库"，网址sd.library.sh.cn/sd/home/index。

僚的赵凤昌，注重自身档案的收集，与其子赵叔雍收藏和整理的2 729件档案，包括赵氏父子所收信札、赵凤昌做幕僚时收藏的张之洞所收书信、晚清至民国初年的电报稿和奏折稿等，分109册，现藏国家图书馆，称为《赵凤昌藏札》，是研究近现代史的重要资料。[1] 盛宣怀、赵凤昌与张謇都有幕僚经历，他们身上深深烙着幕僚的印迹，都重视档案的积累和保存，为后人保存下珍贵的历史记忆。

张謇投身幕僚，实在是多种偶然因素的叠加使然。1853年7月1日，张謇出生于江苏海门常乐镇。张謇的父亲张彭年是个颇有经营头脑的人，家中有田亩并有雇工，还经营瓷器生意。据张謇所作《述训》："自先祖于业田外兼货瓷，故为荷瓷行鬻之人尝十余辈，终先祖、先君之世，其无家可归而死为之殡者五十余人。"[2] 从家中雇工的数量和持续性上看，陶瓷生意在张謇祖父和父亲两代人手上一直操持着。"初止有海门之田二十余亩"[3]，应该说张謇家小有积蓄。"道光二十八、二十九、三十年，连岁大祲。先君贷资，附舟至上海，转商于宁波。"[4] 1848年至1850年，海门遭受大饥荒，张彭年借了钱，坐船到上海再转到宁波做生意，说明张彭年不是个视野局促于海门乡间的小业主，愿意出外闯荡，又是辗转上海和宁波这两个通商口岸经商，带回的见闻一定会给地处偏僻的常乐镇家人很多新奇。"先君始所居瓦屋五间、草屋三间耳"，"后有兴作"[5]，当年有瓦房的农村家庭并不多，可见在张彭年的操持下，家中逐渐富裕起来，又新造了房屋。

张謇在《归籍记》中，详尽描述了自己走上科举之路以

---

[1] 李小文：《〈赵凤昌藏札〉入藏国图始末》，《藏书家》第15辑，齐鲁书社2009年版，第45-54页。

[2][3][4][5] 张謇：《述训》，《张謇全集》（6），第284-288页。

及"冒籍"的经过。张謇认为张彭年"仍世业农,积勤起家,尚气乐施,人以为富,实仅不窭"[1],虽然讲自己家中并不是别人认为的那么富裕,不过是不穷,但良好的家庭经济条件,加上张彭年渴望孩子取得功名的强烈愿望,使张謇走上了父亲规划的科举之路。

咸丰六年(1856),张謇3岁,父亲张彭年开始教他识《千字文》,4岁随三个哥哥入邻塾,跟随海门本地的邱畏之学习,一直到10岁,读过《三字经》《百家姓》《神童诗》《酒诗》《鉴略》《千家诗》《孝经》《大学》《中庸》《论语》《孟子》等。张謇曾用"日悬天上"对邱畏之命题的"月沉水底",张彭年感觉儿子是块读书的料,于是第二年(1864年,同治三年)延聘宋效祁(字蓬山)到家中给张謇、张謇的三兄张詧和弟弟张警授课。宋先生发现张氏兄弟在音训句读方面问题不少,于是要求重读《大学》《中庸》《论语》《孟子》,同时教授四声,还结合《三字经》《四字鉴略》《千家诗》讲述历史故事。一天,有个武官骑马经过门前,宋蓬山就举"人骑白马门前去"要求应对,张謇语出惊人:"我踏金鳌海上来。"宋先生听后大喜过望,张彭年也喜出望外。同治五年(1866),宋蓬山去世,张謇根据父命,到通州(即南通,本书为行文方便,亦用南通直接表示通州)西亭,住进宋蓬山的侄子宋琳(字紫卿)的家中跟读,间或也向宋蓬山的儿子宋琛(字璞斋)问业。

张謇多年寒窗苦读,准备踏进科举考场,却面临着一个不可回避的"冷籍"问题。按当时的陋规,童生考试,有"暖籍"和"冷籍"之分。"冷籍"是指家中此前三代没有考取生员者。冷籍的子弟不是不可以参加科举,但会受到学官和保人相互勾结的多重勒索。为防止童生报考作弊,有"认保"和

---

[1] 张謇:《归籍记》,F001-311-82。

"派保"的制度。所谓"认保",即由童生在本县廪生中自行选择一位为其保结,担保其符合报考资格的要求,如身家清白、没有隐瞒守丧等。这里提到的"廪生",则是享有官府所发廪食的生员,只有在岁、科两试中考列一等者才有资格获得。"派保"则是在府试和院试时,由府、州教官将派出保结廪生的名次张榜公布,由考生选择为自己加保。广西凌云县曾于光绪十六年(1890)立有"禁革考试陋规碑",严令禁止以认保、派保勒索"冷籍"子弟。[1]由此可见"冷籍"童生面临的处境。张謇幼年就聪慧过人,乡人认定他肯定会走科举之路,家中稍有积蓄,又是"冷籍",因此虎视眈眈准备"敲竹杠"者大有人在。

通州三姓街的族人张兆彪与张彭年同辈,习武中举,经商起家,感慨家族中在咸丰、同治两朝习武中举的有十几个人,却没有出过文士,出于光宗耀祖的愿望,希望张謇能作为家族代表应试。张兆彪求助于宋璞斋,宋璞斋却把他熟识的如皋张駉(字僖牧)介绍给张彭年,让张謇以张駉兄长张驹(玄妙观庙祝)孙子的身份,在如皋注籍。出于对宋璞斋的尊重,张彭年一一依计。由此,张謇陷入一场无妄之灾。

同治七年(1868),改名张育才的张謇取中第26名附学生员,获得秀才的称号,在科举之路上迈出成功的第一步。但由此引发的张駉家族成员以及知情者,以不泄露秘密为由的敲诈勒索却是经年累月,导致张謇家无宁日。同治十年(1871),张駉的儿子张镕向如皋学官告发张謇冒籍,随即张謇被扣押在学宫。此时张彭年因为屡遭勒索几乎接近破产,张謇的母亲金太夫人郁郁成疾。张彭年多方借贷打点,三个月后张謇才暂时被释放出来。恰逢江苏学政彭久余(字

---

[1]《凌云禁革考试陋规碑》,广西民族研究所编:《广西少数民族地区石刻碑文集》,广西人民出版社1982版,第122-123页。

味之）到通州，万般无奈之下的张謇，向彭久余自首，并要求归于原籍。

在详细了解事情的原委后，彭久余对张謇充满同情，并交付通州知州孙云锦（字海岑）进一步调查。彭久余和孙云锦努力促成事情的解决，但过程中还是遭遇如皋训导杨泰瑛的阻挠。同治十一年（1872）一个孟夏月黑的深夜，担心人身安全的张謇冒着风雨逃往通州。他原本准备先出如皋城北门，当晚投宿友人家里，转眼一想，出北门必须经过县署，于是从东门折出。过桥的时候狂风吹灭了手中的灯笼，张謇只好沿着护城河摸索着前行。护城河刚刚疏浚，河泥堆积路上，道路高低不平，张謇不时陷入深深的泥泞之中。行走几步就得蹲下来辨识前行的方向，如果几尺外没有水光，才小心翼翼地往前走。三四个小时才走了两里路，终至友人家中，稍微休息，天已放亮，张謇赶紧雇了一辆独轮小车赶回通州。

经过一番周折，同治十二年（1873）仲夏，礼部核准张謇改籍通州。据《通州张氏宗谱》，张謇的远祖居住在常熟，元朝末年张建（字惟贤）因逃避战乱，从常熟土竹山迁移到通州的金沙场，这是通州张氏家族的第一世祖。之后张氏家族不断繁衍，张謇这一支先后迁徙通州的金西、石港，清乾隆年间张謇的祖父张朝彦迁居西亭，道光年间张彭年迁往海门常乐镇。

24年后，张謇写下《归籍记》，记录下这段刻骨铭心的经历。这一磨难，是张謇人生的转折点。张謇由此摆脱纷扰，得以在科举之路上继续前行；同时激励了心志，磨砺了其终身坚毅的品性。

张謇的儿子张孝若是这样评述的："从同治七年到十二年，前后五年，我父奔走四方，所耗费差不多已经要倾家了！但是，精神虽然受尽了侮辱和痛苦，身体受尽了奔波

第一章 大生档案的形成

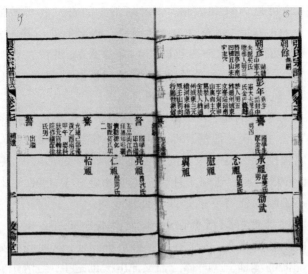

《通州张氏宗谱》（局部），原件藏南通市通州区档案馆

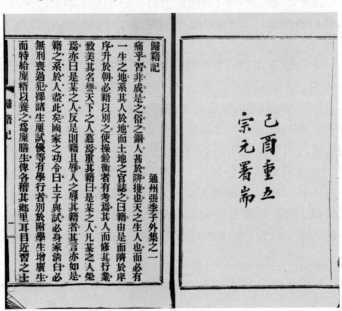

《归籍记》（局部）

和艰险,可是志气和人格,却得到不少的奋发和勇敢的经历。"[1] 1873年,张謇在江宁(南京)结交了洪汝奎(字莲舫,号琴西,道光二十四年即1844年举人),洪汝奎告诫张謇:"须耐烦读书,耐苦处境。"[2] 这句话既是勉励,也是对"冒籍"风波中张謇的真实写照。

更为重要的是,在"冒籍"风波中,张謇幸运地遇到一些处事公正、欣赏他的才华、向他伸出援助之手的官员,这在一定程度上改变了张謇的人生走向。特别是孙云锦,接手张謇"冒籍"案不到两个月就调离通州赴江宁任职,临行之前他还吩咐继任者要把这件事处理妥当。

张謇处理好归籍事宜后,长兄要求分家,因"冒籍"而背负的千余两债务,由张謇和张詧负责归还,这使张謇处于资不抵债的境地。这时孙云锦又伸出援助之手,约请张謇到江宁发审局去任职书记。同治十三年(1874),21岁的张謇从偏僻的通海地区来到江宁,开始幕僚生涯,也走向更为广阔的舞台。

孙云锦还在经济上扶持张謇,自己在发审局的俸禄是每月50两,却每月支给张謇10两。按照张謇母亲的说法,通海地区一位资深教师终年所得也不过如此,张謇才走出家门就有这样的收入,不过是孙先生希望贫困中的张謇,不要因为生活的困顿而丢失向上的志向。

在孙云锦的悉心帮助下,张謇在经济上解了燃眉之急,在处事和学问上也有极大的提升。张謇曾参加钟山书院的官课考试,没有被考官韩叔起录用。自负的张謇不服气,给韩叔起写了一封信,要求解释原因。之后张謇化名报考钟山书

---

[1] 张孝若:《南通张季直先生传记》,中华书局1930年版,第15—16页。
[2] 张謇:《啬翁自订年谱》,《张謇全集》(8),第994页。

院的望课,被钟山书院山长李小湖取第一名。再化名报考惜阴书院的经古课,惜阴书院山长薛慰农录其为第一名。写信的事后来被孙云锦知悉,他告诫张謇:少年意气用事,是因为经历世事还少,尚须提高自我的修养啊!在江宁,张謇结识了一批饱学之士,李小湖、薛慰农和凤池书院山长张裕钊等,这些名师对张謇学业的进步辅助不少。

光绪二年(1876),张謇入庆军统领吴长庆幕府。军队是另一番天地,面对的环境更复杂。特别是光绪八年(1882)随吴长庆入朝鲜处理"壬午兵变",让张謇有了更大的历练,使其必须站在国与国的关系上审视问题,了解国际事务和规则,这有助于日后张謇洞明世界趋势,以世界眼光解决问题,即"凡百事业,均须有世界之眼光,而后可以择定一国之立足之地;有全国之眼光,而后可以谋一部分之发达"[1]。

从档案管理的角度看,幕僚生涯使得张謇通晓官府档案管理的基本流程和规范,从而运用到大生企业管理中。清代官府档案管理有一些普遍性的要求,如实行诉讼档案一案一卷制度,即同一案件形成的全部档案,按照一定顺序,粘连成帙,组成案卷;档案按照文种分类,再按时序或者问题排列;档案按照年月,编目登记;档案汇抄制度,将档案原件,依照文种、问题等不同特征,按照年月日顺序抄录成册;等等。这些制度的内核,即完整保管形成的档案、档案的备份,后来在大生企业的档案管理中都有体现。

就目前留存的档案看,在创办大生纱厂之前,张謇就有意识地保存他的个人档案,如南通市档案馆保存着张謇金榜题名之前部分友朋的信函,涉及顾锡爵、周家禄、孙云锦、

---

[1]张謇:《致各省教育总会发起词》(大略),《张謇全集》(4),第643页。

汤寿潜、何嗣焜、吴汝纶、沈曾植、郑孝胥、张裕钊等,共34封,这是大生档案中与张謇直接相关的最早的档案。历史的风云往往让个人的留存烟消云散,所以张謇早年保存的档案到底有多少,内容是什么,也许永远是个谜。个人信件、日记之类,往往为自身所珍视,有意识地保留下来是出于对个人和家庭历史的尊重与纪念,是档案意识的初步。而幕僚生涯强化了张謇的档案意识,后来他把档案意识转化为大生企业管理的内容。著名历史学家章开沅指出:"我们特别感激张謇,因为他不仅在通海等地留下自己的事业与思想,同时还留下大量相关的文献资料。张謇生前就非常重视相关文献、档案、手稿的保存。"[1]大生档案,就是张謇为后人留下的宝贵财富。

孙云锦致张謇函

[1]章开沅:《序言》,《张謇全集》(1),第5—10页。

第二节　大生档案的由来

大生档案的名称，源自张謇创办的大生纱厂。光绪二十一年（1895）农历八月，两江总督张之洞委任张謇筹办纱厂，到1899年5月23日大生纱厂正式开车。其间集资之难，张謇日后有"坐困围城，矢尽援绝"[1]的感慨，但即使"进无寸援，退且万碎"[2]，张謇还是以坚忍不拔的意志，把现代工业引进通海地区，进而彻底改变了通海地区的面貌。

大生纱厂，是张謇投身实业的开端，也是张謇日后兴办教育和社会公益事业的基础。张謇所创办的各项事业，大抵都由大生纱厂发轫，通过已有企业投资或者垫资，加上他和亲友的引导，带动社会力量和资金投入而不断创设，渐次开展，并不断滚动发展。这些由张謇所创企业的资金作为纽带连接起来的企业、文化和慈善单位，通常被称作大生系统，因此相关单位形成的档案，被称为大生档案。

大生纱厂，初名通海大生纱丝厂。1896年1月26日，潘华茂、郭勋、樊棻、沈燮均、刘桂馨、陈维镛等6位最初筹办大生纱厂的董事，联名向两江总督张之洞上奏《遵办通海纱丝厂禀》。通海纱丝厂是大生纱厂的初名，这是目前能看到的最早的大生纱厂的文件。《遵办通海纱丝厂禀》除提及创办企业的由来、在唐家闸建厂的设想、集股的办法外，还附有通海大生纱丝厂的章程，共7条。里面提到："拟在通州城西唐家闸地方水口近便之处，建立机厂，拟名大生。"[3]在早年

---

[1][2]张謇：《总理报告经理本厂十二年历史》，见《通州大生纱厂第一次股东会议事录》，B402-111-470。

[3]《十二月初八日商董潘华茂、郭勋、樊棻、沈燮均、刘桂馨、陈维镛遵办通海纱丝厂禀》，B402-111-469，亦见B404-111-1。

《影印创办大生纱厂禀稿暨招股章程原稿》收录的
《遵办通海纱丝厂禀》（局部）

的文献中，有时称作通海大生纱厂、大生纱丝厂，也有通厂、大生纱厂的称呼。1899年正式开车纺纱前，上海的报纸刊登了《通州大生纱厂告白》，"通州大生纱厂"是投入运营时企业的正式名称。

"大生"两个字，体现了儒家思想，特别是"仁"对张謇的影响。"大生"来源于《周易》中"天地之大德曰生"。据张謇多年的好友和合作者刘厚生（名刘垣，字厚生）在《张謇传记》中的回忆，张謇对此的解释是："我们儒家，有一句扼要而不可动摇的名言'天地之大德曰生'，这句话的解释，就是说一切政治及学问最低的期望要使得大多数的老百姓，都能得到最低水平线上的生活。换句话说，没有饭吃的人，要他有饭吃；生活困苦的，使他能够逐渐提高。"[1]

---

[1] 刘厚生：《张謇传记》，龙门联合书局1958年版，第251页。

大生纱厂正式开车前在《申报》《新闻报》
刊登《通州大生纱厂告白》的文字底稿

  张謇创办大生纱厂，有着天时地利人和的因素，直接的动因则来自署理两江总督张之洞的授意。1894年11月1日，还在湖广总督任上的张之洞上《增设纺纱厂折》，指出近来考察沿海各口岸商务情形，发现洋纱进口日多，在江苏、安徽、四川和湖北等省份，洋布倒未必全部占领市场，但洋纱无处不在。张之洞认为开源塞漏，以棉纱业为最大宗。他准备在湖北添设南、北两个纱厂。[1] 早在1893年12月8日，张之洞

---

[1] 张之洞：《增设纺纱厂折》，赵德馨主编：《张之洞全集》（奏议），武汉出版社2008年版，第204-205页。

已经委托上海德商瑞记洋行、上海德商地亚士洋行承办纺纱机器。1894年11月3日,张之洞署理两江总督。由于湖北纱厂几无进展,张之洞便寻机在两江地区设厂,于是纱机一路颠簸,由进口地上海转运至湖北,再至江宁,最后又回到上海,搁置在上海黄浦江边的席棚中。

甲午战争之后,《马关条约》签订,"日本臣民得在中国通商口岸、城邑任便从事各项工艺制造,又得将各项机器任便装运进口,只交所订进口税"。为抵制外人的经济入侵,张之洞分嘱苏州、镇江、通州在籍京官陆润庠、丁立瀛和张謇,各自在家乡兴办工厂。张之洞依据上海华商纺纱织布企业的惯例,为张謇兴办的纱厂争取到同等的待遇,即只在洋关缴纳正税,免除其他厘税,大大减轻了企业的负担。

张謇所处的通海地区,滨江临海,为冲积平原,土壤和气候条件适宜棉花的种植。1896年2月11日,张之洞在《通海设立纱丝厂请免税厘片》中,提到"通州、海门为产棉最盛之区,西人考究植物,推为中国之冠。各处纱厂无不资之,涎视已非一日"[1]。通海地区的棉花,至少在乾隆年间就远销福建和广东地区。本地纺织的土布,则为山东和东北地区所欢迎。

通海地区手工织布原本使用土纱,随着机纱逐渐被乡民接受并被用来织布,加上本地的棉花外销,产业链的中间环节断裂,导致大量利润外流。就地设立纱厂,既靠近棉花这个原材料市场,企业的产品棉纱又能就近销售。稳定的市场需要,加上便利的运输条件,纱厂的前景可想而知,并将形成棉花—棉纱—土布这样的区域经济内循环,这也是大生纱厂在相当长时间内保持盈利的主要原因。

---

[1]张之洞:《通海设立纱丝厂请免税厘片》,《张之洞全集》(奏议),第339-340页。

1896年秋冬之间，上海纱市行情低落，华盛、大纯、裕晋等华资纱厂或准备停办，或准备出卖，受此影响，大生纱厂的集股并不顺利。张謇在上海集资，处处看人眼色，受人讥讽，只能"闻谤不敢辩，受侮不敢怒"[1]，连旅费都靠自己卖字的收入维持。时任两江总督刘坤一，考虑到张之洞采购的纱机日益锈蚀，希望能早日贬值变卖。1896年12月6日，江宁商务局与张謇、大生纱厂6位商董订立《官商合同》，约定纱机4.07万锭，连同锅炉、引擎，作为官本50万两入股，每年官利8厘；大生纱厂另集商股50万两；日常经营管理，由商董负责，另派官董一名驻厂查核账目、协调经营。官机的投入，至少减轻了大生纱厂集股的压力，官府则顺利处置了一笔不良资产，避免机器继续锈腐，减少仓储和保管费用，并通过大生纱厂的运行实现了资本增值，可谓皆大欢喜。

张謇虽然没有直接从事过商品经营，但他拥有一个富有经验的"通董"团队。他们在商界摸爬滚打多年，在各自的领域都取得过成功。沈燮均和刘桂馨长年从事土布贸易，熟悉棉纱布流通的各个环节，又经常往来通沪之间，通晓贸易规则，对市场有敏锐的洞察力。高清负责基建和设备安装，大生纱厂的主体建筑，包括仓库、清花车间等，历经百年风雨，今天依然发挥作用，可见工程的质量之高，也显见高清的能力和责任感。蒋锡绅则管理银钱账目，在集股不顺利的情况下，如何腾挪资金，确保大生纱厂不中途而废，着实不容易。况且这些通董，按照时任华盛纺织总厂总办盛宣怀的评价，"皆朴实有条理"[2]，就是品性质朴诚实，办事严谨踏实。张謇取各位之长，给他们一个施展才华的舞台。"通董"也不辱使命，与张謇共同创造了一段传奇。

[1]张謇：《总理报告经理本厂十二年历史》，B402-111-470。
[2]张謇：《纺工说明书后序》，《张謇全集》（6），第357-358页。

沈燮均是其中最有代表性的人物。1898年冬,大生纱厂工房初成,机器安装过半,开始储备性收购棉花。当时只有四五万两流动资金,既用于收花,又要支付造厂装机的费用,还得准备燃料,可谓捉襟见肘。张謇疲于应付,心力交瘁。沈燮均始终如一地给予张謇精神和资金上的支持。沈燮均在大生纱厂筹办期间,经常性地将自己布庄在上海出售土布所得款项,借给大生纱厂周转。在大生纱厂最困难的时候,他甚至表示,自己的布庄可以关门,但纱厂不能停止收花。

1899年5月23日,大生纱厂正式开车。投产后流动资金的压力有增无减,张謇求助各处,换来的是嘲笑和非议。张謇一度准备把大生纱厂出租3年,只是因为对方开出的条件实在过于苛刻而作罢。农历八九月间,张謇每晚徘徊于上海大马路(今南京路)至泥城桥(今西藏中路西藏路桥前南至凤阳路一带)之间,仰天俯地,一筹莫展。恰好此时,沈燮均来信劝说张謇回通。商量的结果是把现有的棉花纺成纱,将纱出售后再购买棉花,使纱厂先运作起来,不至于关闭。天

早年的大生码头

无绝人之路，农历十月后上海地区的棉纱滞销，而大生纱厂的棉纱却独自畅销，导致大量资金投向大生纱厂，由此大生纱厂摆脱困境，连年获利。

大生纱厂给通海地区带来前所未有的机器生产，可以视为通海地区的工业革命，从此通海地区紧跟时代的步伐，开始早期现代化的探索。有趣的巧合是，英国的工业革命进程，首先开始于纺织革命，飞梭、珍妮纺纱机、水力纺纱机和水力织布机的相继发明，使得英国的纱和布的产量大增，而且物美价廉，成为工业革命的第一步。而张謇引领的南通早期现代化，也是从棉纺业起步，而且棉纺业始终是张謇从事实业的主业，这与通海地区的经济结构密不可分。

作为中国早期民族棉纺织企业之一，大生纱厂的成功，使张謇有余力，也有号召力渐次在通州布局相关企业，逐渐形成以棉纺业为核心，盐垦、交通等为配套的工业体系，进而带动通海地区的经济和社会变迁，将通海地区建成中国民族工业的发祥地之一，为中国的早期现代化做出了独特的贡献。

在张謇的心目中，实业是实现其强国梦想的经济手段，教育是国家富强的根本所在。"教育者，一切政治、法律、实业、文学之母，而直接分利之事也。"[1] "国非富不强，富非实业完不张，实业非有多数之母本不昌。……其根本在先致力于农工商，必农工商奋兴，而后教育能普及，教育普及，而后民知爱国，练兵乃可得而言也。"[2] 他认为，积贫积弱的中国救亡图存，只有通过教育启迪民智，培养人才。甲午战

---

[1] 张謇：《致黄炎培函》，《张謇全集》（3），第1 249-1 251页。
[2] 张謇：《劝通州商业合营储蓄兼普通商业银行说帖》，《张謇全集》（4），第67-68页。

争之后,张謇萌生了"实业与教育迭相为用"[1]的想法,具体就是"以实业辅助教育,以教育改良实业"[2],即张謇所秉持的"父教育而母实业"。[3]

在大生纱厂筹办期间,也就是手上还没有经济实力办学的时候,张謇就先后于1896年11月17日和1898年10月20日考察了两所著名的学校,一所是位于江宁的汇文书院,这是金陵大学的三大源流之一;另一所是上海的南洋公学,即上海交通大学的前身。基于普及教育的根本在于师范的认识,张謇1902年创办通州师范学校。通州师范学校是张謇兴办教育事业的起点,也是中国师范教育的源头之一。通过兴办实业获取盈利后的注资、个人捐资、引导亲友捐赠、争取官方拨款等方式,张謇从通州师范学校起步,逐步在通海地区引入新式教育,建立起初具规模的教育体系。

在张謇有关南通早期现代化的宏图中,实业、教育和慈善是核心,也是相互作用的三个方面。张謇鉴于政府无力振兴南通,"乃本吾良知,奋吾良能以图之。以为举事必先智,启民智必由教育,而教育非空言所能达,乃先实业。实业、教育既相资有成,乃及慈善,乃及公益"。[4]张謇认为,地方自治的根本在于实业和教育,"而弥缝其不及者,惟赖慈善"。1915年,南通慈善事业除了原有的恤嫠、施棺、栖流等机构外,新设立的有新育婴堂、养老院、南通医院、贫民工场、残废院、盲哑学校等。[5]

---

[1]《张謇全集》(8),第536页。
[2]张謇:《暑期讲习会演说》,《张謇全集》(4),第614—615页。
[3]张謇:《通州中学附国文专修科述义并简章》,《张謇全集》(5),第111—113页。
[4]张謇:《谢参观南通者之启事》,《张謇全集》(5),第198—199页。
[5]张謇:《呈筹备自治基金拟领荒荡地分期缴价缮具单册请批示施行文》,《张謇全集》(1),第430—441页。

张謇在兴办实业的同时，积极兴办教育和社会公益事业，造福乡梓，原动力是他的家国情怀。作为一个士大夫，张謇汲取中华传统文化的精髓。面对《马关条约》签订后的危局，张謇以"舍身喂虎"的勇气，走了一条前人未曾走过的道路。在这条充满荆棘的道路上，张謇以坚韧不拔的意志一路前行，从根本上改变了通海地区的社会面貌。

　　机器生产、新式教育和公益、城市建设，这些新事物在传统的四书五经里都找不到答案，但是张謇善于学习，具有开放的胸襟和海纳百川的气度，这使他能充分吸收他人之长，进而消化运用。张謇所创的若干个"中国第一"，其实在当时未必没有可模仿的对象，或者说没有相应的雏形。但张謇的伟大在于他引进后的发扬光大，以及在通海地区综合性的推广。张謇不断学习、勤于思考，逐步拥有了世界眼光。所谓世界眼光，借用周有光先生的说法，就是"要从世界看国家，不要从国家看世界"。正是因为他深邃的洞察力，才有了通海地区的社会整体变革。

　　大生纱厂最早的有关档案管理的制度，体现在张謇起草于1897年，定稿于1899年10月的《厂约》[1]中。《厂约》是大生纱厂早年的企业管理制度，开宗明义大生纱厂的设立是"为通州民生计，亦即为中国利源计"。《厂约》明确规范大生纱厂总理（厂长）和各董事（分管业务的负责人）的权职、员工薪水的标准、余利的分配等。《厂约》明确了大生纱厂档案管理的负责人是银钱账目董事："入储卖纱之款，出供买花之款，备给工料，备支杂务，筹调汇画，稽查报单，考核用度，管理股票、公文、函牍，接应宾客，银钱帐目董事之事也。"银钱账目董事相当于总理的副手，在大生纱厂地位显赫，作为文书和档案管理的负责人，可以确保文书和档

---

[1] 张謇：《厂约》，B402-111-469。

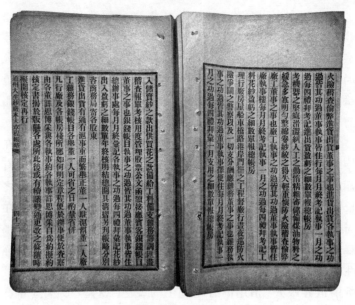

《厂约》（局部）

案工作的正常开展。银钱账目董事还须在每年年底"另刊帐略，分别咨商务局寄各股东"。正是依靠高度的档案意识和明确的档案制度，11月17日，张謇致刘坤一《十月十五日承办通州纱厂节略》，在全面报告大生纱厂从1895年筹办到1899年开车的44个月的艰苦历程后，张謇自信地说："以上各节，皆有公牍私函可据，撮要备采。"[1]所以汇报的内容，都有据可循，都是从档案摘要而来。

　　大生纱厂《厂约》中有关档案管理的制度也涉及大生沪所，如"银钱总帐房章程"规定："沪帐房逐日所来信件，凡与厂事有关者，各处阅后，均应送总帐房存查"；"沪帐房逐日寄到洋厘报单，进出货处阅后录簿，原单送存总帐房备

---

[1] 张謇：《十月十五日承办通州纱厂节略》，B402-111-469。

核"。[1]这里主要涉及银钱总帐房与大生沪所来往文件的归档,可以推测大生沪所的档案管理制度,应该是与银钱总帐房相一致的。而大生沪所保存下来的档案,就是大生档案的主要部分。

第三节 大生档案的内容

大生档案,主要是大生沪所形成的档案。大生沪所,是对大生企业驻沪办事机构的统称。大致在1896年3月中旬,筹建中的大生纱厂设立大生公所,暂寓上海福州路广丰洋行内。1897年秋搬入天主堂街31号,并改称大生沪帐房。之后搬迁至裕源批发所、印书公所、通海花业公所、紫来街、南太平码头、小东门外等处。1907年大生纱厂召开第一次股东常会,议决将沪帐房改名大生驻沪事务所。1920年,位于上海九江路的南通大厦落成,大生驻沪事务所迁入办公。1930年,迁至南京路保安坊上海女子商业储蓄银行大楼四楼。1936年,大生第一纺织公司和第三纺织公司董事会组织大生总管理处,下属各厂只负责生产,其他诸如进出货、人员任免、薪酬发放等决定权均归大生总管理处。1945年9月15日,大生第一纺织公司和第三纺织公司召开董监联席会议,议决设立临时管理委员会,代行大生总管理处职权。1946年7月,设立大生上海联合事务所。1951年,改名为大生第一、第三纺织公司上海联合事务所。1953年撤销。

大生沪所从大生纱厂的派出机构,最后发展为大生第一、第二、第三纺织公司在上海的办事机构,它在运作的过

---

[1] B403-111-620,亦见B402-111-469。

程中自然会形成、积累这三家公司的档案。大生第一、第二、第三纺织公司一直是大生系统的核心,尽管大生第二纺织公司1935年破产清算,但第一、第三公司依然是大生系统的中坚力量。张謇所创的企业、文化和慈善机构数量很多,覆盖面又广,为什么大生沪所形成的档案能基本反映大生系统发展的概貌呢?回答这个问题,需要从两方面来考察。

首先是从大生沪所的性质和承担的任务角度看,大生沪所参与大生系统机构的创设,并为后续的发展提供支持,在此过程中形成了相关的档案。

大生沪所设立时,大生纱厂尚在集资阶段,唐家闸的厂房还没有建设,之后大生沪所参与大生纱厂资金的筹措、把官机从上海运送到通州、置办大生纱厂所需的各种物料、与

光绪二十三年（1897）大生沪帐房的总录,是大生纱厂现存最早的原始档案

江海关沟通,是大生纱厂初创时期的主要参与者之一,这个阶段留下的档案,最早为1897年的会计账册。1897年一直到1899年之间的大生沪所档案,是首批"中国档案文献遗产名录"《大生纱厂创办初期的档案》的重要部分,是大生纱厂初创史的见证。

随着大生纱厂不断盈利,张謇声名鹊起,他和创业团队在投身实业的基础上,进而发展教育、从事慈善和公益事业。在这个过程中,上海起到了独特的作用。上海是张謇所创各项事业资金的主要募集地、技术和人才的核心来源地、设备和燃料的集中采购地,同时也是张謇从事早期现代化探索的思想启迪处。大生沪所是张謇将大生纱厂,以及之后创办的一系列单位与上海紧密联系起来的纽带。随着南通现代化进程的推进,它甚至成了南通在上海的窗口。大生沪所有效地加强了南通与上海之间资金、人才、信息的交流,这对于南通接受上海的辐射,充分依托上海这个中国的经济和文化中心,承接来自上海的先进生产方式,汲取沪上的先进文化,有着不可估量的贡献。

作为孵化器的大生沪所,自然形成和保存与其有关联的大生系统单位的档案。这些后起的单位,大都是依托大生第一、第三公司的资金带动发展起来的,也依靠大生沪所筹措资金和购买物料,甚至许多单位的股东会议和董事会都是在上海召开的。1920年开业的淮海实业银行就是一个很好的例子,这家总部在南通的区域性银行是张謇等人创办的,根据现有史料,淮海实业银行筹备工作至少在1918年就已经开始。1918年5月30日的《申报》第7版《实业银行开会记》中记载,1918年5月24日召开淮海实业银行第二次发起人会议。这次会议确定拟议中的银行定名为"淮海实业银行",股本100万元,在通沪两地设立筹备处,发起人公推张謇、张詧为筹备主任。上海筹备处由筹备主任委托大生沪所所长吴寄尘办理。

大生沪所对淮海实业银行创立起到的作用，第一是代收股金、代换股票和发息；第二是在上海代购多批次的用品，主要是会计记账用品，如支票、日记表、开支账、未收票据账、定期放款分户账、现金保单，其他办公用品如保险箱、橡皮图章、木器等；第三是代办业务，在淮海实业银行上海分行1920年9月17日正式开业前，大生沪所代为承担部分职能，如1920年8月25日第88号号信所述，金城、上海银行各交到2万元，代存入上海商业储蓄银行洋户。[1]

1937年，淮海实业银行委托上海公信会计师事务所，对该行1931年7月1日至1936年12月31日的账目进行审计。[2] "1938年春，南通沦陷，行屋生财遭敌寇侵损，甚至库房亦被打开，幸重要契券文件，由已故保管员习镒清之弟泽民送沪，得以完整。"[3] 其他文件和账册，则在1938年时散失。1946年3月23日，淮海实业银行出于向财政部申请核准复业的需要，致函南通县总商会，请求出具证明书，证明"民国廿七年三月十七日，本县被敌人进驻，于沦陷时鄙银行总行全部房屋被敌占住为伤兵医院。当时事出仓猝，一切帐据文件及库房统被损毁无遗"[4]。

淮海实业银行的档案，已经不见踪影。好在大生档案里保存着大生沪所与淮海实业银行的号信、股东清册、换股票发息清册等，结合南通市档案馆馆藏民国档案和中华人民共和国成立后形成的相关档案，基本可以勾勒出淮海实业银

---

[1] B401-111-161《淮海信底（庚申荷月接立）》。

[2]《公信会计师事务所报告书（1937年7月30日）》，A215-112-191。

[3] E262-111-68《淮海实业银行清理工作报告》。

[4]《淮海实业银行董事会致南通县总商会函》，A208-115-454《银行经理、上级训令、通令及货币来往函信呈报卷》。

庚申年（1920）大生驻沪事务所代淮海实业银行换股票发息清册（局部）

行的概况。不仅是淮海实业银行，大生沪所几乎为所有的大生系统企事业单位提供服务，会计档案丝毫无漏地记载着往来的费用，可以提供很多有趣的细节。

张謇在大生纱厂取得盈利之后，通过企业注资、个人捐资、引导亲友捐赠等方式，1902年创办通州师范学校。光绪二十八年（1902）大生沪所的总录里，记载大生沪所8月19日代购《二十四史》，支付规元152两，还花费洋2元买书箱2只，把书送到开往通州的船上又给了力资费洋5角。[1]

通州师范学校早年请来8位日籍教师，这些教师弥补了学校师资的不足，也带来了先进的教育理念和方法。大生档案里保存着多张日籍教师在大生沪所的领条，其中至少5张为木村

---

[1]《大生沪帐房光绪二十八年总录》，B401-311-27。

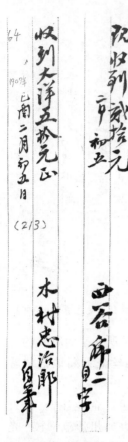

己酉年二月初五（1909年2月24日），通州师范学校的日籍教师西谷虎二、木村忠治郎在大生驻沪事务所领取款项的收条

忠治郎手书，最早的一张是1905年6月27日，收到洋713元。[1]这是木村忠治郎从大生沪所借支的费用，记在大生纱厂的账户上。1907年3月7日，收到洋100元，同一天大生沪所的流水账，还有支付木村忠治郎车力费用洋2角的记录。[2]大概是通州师范学校新学期开学之际，木村忠治郎从日本抵达上海，大生沪所派人接站，同时预支部分薪酬。另外三张，分别是1907年10月10日，收到洋150元；1909年2月24日，收到洋50元；1910年3月18日，收到洋50元。

木村忠治郎赴通之前，曾先后担任日本福冈县、大分县、大阪府教谕及福冈师范小学主事，"是在通师开创时期对学校教育体系的完善和学生教育影响最大的一位日籍教师"。[3]光绪三十三年（1907）七月，上海商务印书馆初版发行木村忠治郎的《小学教授法要义》。木村忠治郎是怎样从日本到上海

---

[1]1905年木村忠治郎手书领条，见B404-111-293，其余见B404-111-14。

[2]《大生沪帐房流水元册光绪三十三年正月立》，B401-311-100。

[3]《通师早期日籍教师的延聘》，朱嘉耀主编：《南通师范学校史》（第一卷纪事），南京师范大学出版社2012年版，第174-179页。

的，大生档案里的一封公函的抄件，可以补充一些背景。

这份公函是上海道台袁树勋写给江海关税务司的，时间是1906年2月24日，事情其实很小，就是为了木村忠治郎随身携带的一批物品通关事宜。惊动袁树勋的原因，是因为张謇出面给他写了信。原来是腊月里木村忠治郎回日本时，张謇委托他代办通州师范学校和盐业学校的学习用品。木村忠治郎乘坐2月23日由日本长崎开往上海的"密利素他"轮船，随身物品包括张謇吩咐购买的物品，装了6个箱子，其中为通州师范学校购买的教科书两箱、教学用品两箱，盐业学校所用玻璃盐瓶一箱（装了200个）、水酸化重土一箱（6磅）。考虑到玻璃制品易损，添配困难，张謇希望江海关查验时"幸勿任意碰撞"。袁树勋给张謇很大的面子，要求税务司"免验放行"[1]。因为需要大生沪所与江海关具体接洽，估计袁树勋的公函也给张謇抄录一份，大生沪所文书处理有个好的传统，所有来文都另行摘抄在册，以备查考，所以今天才能够看到这份公函。

张謇注重编纂档案汇编，使得大量大生档案的内容通过档案汇编的形式得以保存，这是大生档案能基本揭示大生系统概况的第二个原因。如果仅仅因为大生沪所与众多的大生系统单位发生联系，因而保存相关单位的档案，那还是不足以反映大生企事业的全貌的。因为大生沪所保存关联单位的档案，肯定比不上关联单位本身保存的档案数量。纵观大生档案，会发现大生企业的许多重要文件，特别是早年的股东会议记录、董事会记录、合同、往来函件等，原件已经不知所踪。大生的核心企业，如大生纱厂、通海垦牧公司，召开股东会和董事会，相关档案应该形成并保管于公司本部

---

[1]《袁树勋致江海关税务司函（光绪三十二年二月初二）》，B401-111-10。

的，可惜在动荡的时局下，这些企业本部的档案几乎无存。

好在中华民族一直有着文献编纂的优良传统，使得相当数量的档案，尽管其原件不复存在，但内容流传至今。"先秦的档案原件绝少留存，而孔子编订'六经'，使一部分重要档案文献保存流传下来；宋代以前皇帝颁发的诏书原件已不可复得，而宋人编纂的《两汉诏令》《唐大诏令集》《宋大诏令集》，则使我们至今仍然能窥见系统真实的诏令原文；古代臣工上奏的文书原件多数已经亡佚，而历朝编纂的名臣奏议的大量总集和别集，使我们得以一览这些奏书的原始内容。"[1]

张謇在大生企事业的管理活动中，继承了先辈的做法，把诸如账略、说略、股东会议录、重要文件等，通过编纂有关档案汇编，分发给社会各界。把企业每年度的账略和说略印制分发，在当时既是对股东的交代，也是向社会所做的企业形象宣传，客观上起到复制原件内容、增加副本数量的作用。慈善机构的征信录则是对爱心人士的褒奖，也是体现善款流向的记录，用于取得社会对其所从事的慈善事业的信任。历经多年的风雨，后人在没有原件的情况下，依然可以较为全面地了解大生系统单位的情况，这些档案汇编功不可没，能与大生沪所形成的档案相互补充。

张謇编纂的大生企业文献中，《通州大生纱厂本末章程帐略》无疑占据重要的地位。它是张謇最早编纂的大生企业文献汇编。大生纱厂筹划于1895年，1899年5月23日开车。张謇在《通州大生纱厂本末章程帐略》的"后序"中提及，"光绪二十六年二月，编次本末章程帐略既竟"，光绪二十六年（1900）二月《通州大生纱厂本末章程帐略》就已经编纂完成，说明编纂工作在大生纱厂开车之后很快就展开了。

---

[1] 曹喜琛、韩宝华：《中国档案文献编纂史略》，高等教育出版社1999年版，第2页。

《通州大生纱厂本末章程帐略》收录了大生纱厂创办初期的许多重要文献,均为大生沪所未存的档案。《通州大生纱厂本末章程帐略》第二至第四部分,分别是"商办本末""官商合办本末"和"绅领商办本末",张謇其实是把大生纱厂的筹办时期划分成三个阶段,这样的划分也为后来的研究者沿用。第五部分"一切开办章程",即《厂约》,其中包括各部门的规章。从"开办"两字的字眼可知,相关规章至少在大生纱厂投产时已形成。这也是大生纱厂经营管理的需要,因此不可能迟至第二年才制订。另外,从文字排版格式看,各项规章的标题为空一格,而"厂约"为顶格。第六和第七部分,则是"开机以前帐略"和"开机以后帐略"。

《通州大生纱厂本末章程帐略》收录张謇最初创办大生纱厂时的合作者,两位买办潘华茂和郭勋的几封信,张謇以此证明潘华茂和郭勋言而无信,中途逃脱。但张謇1907年8月31日在大生纱厂第一次股东常会上,发表的经营大生纱厂12年历史的长篇报告中,提到丙申年(1896)九十月间,张謇与潘华茂和郭勋就是否采用官机事宜,"书函往返辨释,自任官有干涉,謇独当之,必不苦商。潘、郭持益坚,且谓如用官机则沪股不愿"[1]。《通州大生纱厂本末章程帐略》

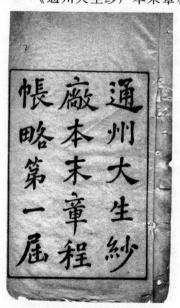

《通州大生纱厂本末章程帐略》

---

[1]张謇:《总理报告经理本厂十二年历史》,B402-111-470。

收录九月二十九日(11月4日)潘华茂和郭勋给张謇的信、张謇十月初四(11月8日)的回信,但其中看不出就官机问题的争辩,说明张謇只是选用了双方的部分信件。

由此引发的问题是,选择性的文献汇编,往往体现编纂者的意志和倾向,不能全面地反映历史原貌,让后人评说。特别是在只有单方面史料的情况下,这个缺陷显得更为明显。尽可能丰富的多方面史料,能让后人更容易接近历史的真相,而不是任由拥有话语权的人物掌控。这也是近年来南通市档案馆致力于多方面征集涉及张謇与大生企业的档案,尤其是西方人形成的档案的原因。

即便如此,《通州大生纱厂本末章程帐略》收入的文献,基本上都是当时形成的,可以视为大生纱厂的档案,其真实性不容置疑。细细研读这些档案,可以得出不少有价值的结论。比如前面提到的潘华茂和郭勋,对于大生纱厂引进官机一事,他们提出通海地区织布惯用12号棉纱,14号、16号棉纱也兼用,如果机锭与纱支规格不符,机器无疑等于废物。他们在对官机实地考察之后,给张謇的信里提到粗纱锭与细纱锭的比率问题,可见他们对于棉纺织机械有着深入的了解。张謇选择潘华茂和郭勋合伙创业,显然不仅仅看中他们的人脉、自身拥有的财富以及中外贸易的经验。

在《通州大生纱厂本末章程帐略》基础上,张謇编纂了《通州兴办实业章程》,大生档案中保存的版本的版权页上,标注光绪三十一年(1905)九月再版,著作者通州张季直,校印兼发行者翰墨林编译印书局,经销处上海通海实业总帐房(就是大生沪所)和南京悦生公司,分销处为上海新昌、开明、广雅、有正、时中、文明、商务书局。从分销书店看,张謇的目的是想分享他创办实业的经验,也是扩大大生企业的社会美誉度,为企业的发展创造良好的舆论氛围。

1910年,在添补最新内容的基础上,《通州兴办实业之历史》发行。版权页注明宣统二年(1910)五月三版,这个所谓的三版,与《通州兴办实业章程》所说的再版,其实是张謇将《通州兴办实业章程》《通州兴办实业之历史》视作《通州大生纱厂本末章程帐略》的延续,是《通州大生纱厂本末章程帐略》的再版和三版。三本书在内容上有继承和拓展的关系,尽管书名和著作者不尽相同,如《通州兴办实业之历史》的编辑者改为翰墨林编译印书局,可以理解为张謇已经没有更多精力再具体从事编纂工作。

《通州兴办实业章程》

《通州兴办实业之历史》涵盖大生纱厂、大生分厂、通海垦牧公司、广生油厂、大兴面厂、翰墨林书局、泽生水利公司、大达轮步公司、大达小轮公司、大达轮船公司、同仁泰盐业公司、阜生蚕桑公司、资生铁冶公司,是张謇早年兴办实业的主体,具体内容则为函件、章程、说略、账略、股东会议事录等,另有张謇、张詧等创业者和企业的照片,弥补了大生沪所档案的许多空白,是研究张謇与大生企业早期历史的必备资料。

档案汇编的传统一直延续着,《张殿撰教育手牒》《通海垦牧公司开办十年之历史》《南通地方自治十九年之成绩》先后问世,都收入诸多原始档案。特别是张謇生前开始

41

编纂，最后由张孝若完成，中华书局1931年印刷的《张季子九录》，分政闻录、实业录、教育录、自治录、慈善录、文录、诗录、专录、外录等9个方面，是当年张謇文献集大成者。

第四节　大生档案的价值

档案是在社会活动中直接形成的，因此具有原始性的特质，从而具备参考和凭证价值。张謇档案管理思想系统、全面，不仅关注文书和会计档案的形成，对基建和设备档案保管也十分留意，还重视合同档案的留存，以维护企业的切身利益，保障企业的正常运行。沧海桑田，千帆过尽，张謇创办的大量事业，其曲折历程都物化在这些无言的档案里。大生档案相当数量已是百年高龄，兼具历史价值和文物价值，成为研究张謇的企业家精神、南通近现代史乃至中国近现代史的重要依据。

大生纱厂领取官机后，需要募集50万两商股与之配套，但进展缓慢。经两江总督刘坤一牵线搭桥，1897年8月11日，张謇与盛宣怀签订《通沪纱厂合办约款》，约定双方各自领取2万余锭官机，各作价25万两，分别在唐家闸和浦东开设工厂；各自招募25万两商股；官府不再派出驻厂官董。由郑孝胥和何眉生"见议"，即见证。官机规模缩小一半，配套的厂房、物料和流动资金也相应可以减少，有利于早日把纱厂建起来。8月16日，作为官方代表的桂嵩庆（总办江宁商务局），与张謇和盛宣怀签订《官商约款》，取代之前的《官商合同》。《官商约款》对于官股利息，官机的点交、转运、安装等事宜均有约定，其中规定江宁商务局派崔鼎到上海点交机器，张謇和盛宣怀各派员共同到现场查点均分。大生纱厂

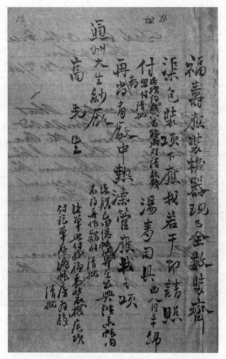

1899年8月30日，汤姆斯致高清要求支付徐福寿装机款函的中文译件

方面由大生纱厂沪帐房具体负责，沪厂方面，盛宣怀把具体事务交给郑孝胥和盛宙怀。

分机过程中的关键技术人员是英国工程师汤姆斯（大生档案中也记载为汤姆司、汤洋人、洋人）。首先需要根据机器的情况，保证分到两个纱厂后各自能够独立运转，因此先要设计出分机方案，这个方案一直到10月30日才出台。11月18日纱机开始运往通州，而汤姆斯在大生纱厂待了将近一年。之后大生纱厂的机器由他负责指导安装，具体安装则由徐福寿负责。

这批纱机由于长时间暂存在黄浦江滩边，风雨侵蚀，大件几乎都有锈损，而小件很多糜烂掉了。加上机器从英国进

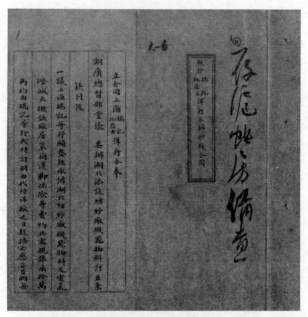

1893年12月8日,瑞记洋行、地亚士洋行承办湖北纺纱厂纱机合同抄件(局部),上有张謇的批注"存沪帐房备查"

口后,从上海运往湖北,再折返江宁,又回到上海,作为官机投资大生纱厂,又通过驳船装上官府的兵船,到了通州还要接驳,几番折腾,加大了破损程度。

1899年5月23日大生纱厂开车前,禀请南洋大臣刘坤一,要求派员到大生纱厂,实地查验官机的破损情况。同时,请江宁商务局的崔鼎,把瑞记洋行、地亚士洋行在湖北承办这批纺纱机器的原合同拿到大生纱厂来,用合同上的机器清单与实物核对。1893年瑞记洋行、地亚士洋行承办纱机合同规定:"全厂机器备齐,零用物件配足六个月用,不得短少","如机器物料照来单有短少损坏,均由瑞记等行认赔"。[1]后来

---

[1]《德商瑞记洋行、地亚士洋行承办纱机合同》(抄件),B401-111-1。

根据现场勘察，以及通过与负责指导机器装配的汤姆斯的交流，张謇在10月19日给刘坤一的咨呈中认为："似此项分领之机，因锈损而缺，非原单所缺。"[1]至于应该添配的机件，先由大生纱厂垫办。另据前往大生纱厂查验的候补道林志道致刘坤一的禀文，官机合同的原件存江南筹防局，沈燮均和高清建议林志道，把点验的官机清单交给江南筹防局，再与合同原单逐项对比。

大生纱厂是否、何时借到官机合同，或者江南筹防局有否替大生纱厂核对缺损情况，没有史料说明。但大生档案里确实保存着这份官机合同的抄件，张謇在首页上批注"存沪帐房备查"[2]，说明最终大生纱厂取得了合同的复本。通过核对官机合同，一方面避免机器的缺少，另一方面也验证锈损机器的数量，作为向官府获取补偿的依据。

出于维护企业利益的目的，张謇注重档案的积累。1903年，张謇就广生油厂机器配件事宜与盛宣怀进行交涉，是以保存的档案作为凭据的。广生油厂从事机器榨制棉油兼造棉饼，1901年筹建于唐家闸。1901年，盛宣怀所办的华盛纺织总厂（以下简称华盛）准备与外商在通州、海门合办轧花、榨油厂。南洋大臣魏光焘认为与条约不合，令盛宣怀将所购的榨油机器并设于大生纱厂，不得与洋商合股。经协商，华盛所购的榨油机价1万两，由华盛和大生纱厂各认一半，在大生纱厂附近筹建广生油厂，当年发布集股章程。由于资金未招足，1903年由大生纱厂投资，建成开车。1905年，华盛将股份全部转让给大生纱厂，大生纱厂投资总额为5万两。1905年7月29日注册，1909年召开第一次股东会。

---

[1]《九月十五日咨呈南洋督部刘》，B402-111-469。
[2]《德商瑞记洋行、地亚士洋行承办纱机合同》（抄件），B401-111-1。

华盛置办的设备运到通州后,根据设备清单,应该有相关配件,但并未随机运来。大生纱厂董事高清、广生油厂执事茅友仁、专事机器采购的郁芑生面告华盛的总办盛宙怀,当时大生沪所的负责人林兰荪在座。盛宙怀提出由广生油厂自行采购,作价2 400两,货款在华盛投资的5 000两内扣除,协助创办广生油厂的朱志尧当天也知道此事。1903年盛宙怀去世,为了厘清事情的原委,张謇在给盛宣怀的信中指出:"添件与原件自是两事,原件有华文清单,添件有帐,现已属油厂将原单检出,寄呈台览,并令原办事人来为详说,必可明白。"[1]张謇让广生油厂把随机清单寄给盛宣怀。在另一份致盛宣怀的函中,"遵属沪帐房即日划交尊处所有荔翁原讯及广生执事茅友仁讯单并抄呈览",[2]吩咐大生沪所把所保存的盛宙怀的来信原件,以及茅友仁的相关函件以及抄录的复本送到华盛,进一步交代事情的经过。

大生档案中有很多合同,是张謇在惨烈的商战中维护企业利益的保障。张謇认为:"既是买卖,应订契约。一切交涉事例,载明约内。"[3]这些合同,不仅有大生企业与国内企业签订的,还有相当数量是与外国洋行订立的。1906年,张謇曾在上海聘请外籍律师哈华托担任大生纱厂、大达轮埠公司、江浙渔业公司等6家公司的法律顾问,顾问事项包括"商量事件、备办事件、陪从议事及写信案牍",[4]说明大生企业签订的合同都是经过律师把关的。这些合同作为档案保

---

[1]张謇:《复盛宣怀函(1903年9月11日)》,《张謇全集》(2),第128页。

[2]张謇:《复盛宣怀函(1903年)》,《张謇全集》(2),第130-131页。

[3]张謇:《拟江宁贡院不留之屋售于公园事例》,《张謇全集》(4),第101-102页。

[4]《哈华托来函(1906年1月11日)》,B404-111-6。

存,是张謇未雨绸缪的体现。张謇强调诚信在经济活动中的重要性:"如履行契约,所有条件稍有欺诈,则信用难以保持,何以招徕主顾?便宜不过一时,损失终无尽期。"[1]

张謇对于合同的重视以及对诚信的追求,对无锡的实业家荣德生颇有影响。荣德生晚年回顾人生时,感触"我国工商界深明法理者不多,忆民国三年与蔡兼三至京,同见张部长(张謇),谈次,谓吾国商人多不研究法律,故与外商订立契约往往吃亏,遇到交涉时,自己立场亦多不合,以后商会应对此注意,倡导研究。当日只作平常语,时历三十余年,今日思之,实有深意。余数十年经营,未尝触犯刑章,二十余岁读刑、民法,三十岁后始有商会,遂习商法,凡事依法而行,至违法取巧之事,万不可为也"[2]。

目前留存下来的大生档案,主要组成部分是文书档案和会计档案,还有少量实物档案。如果说在大生纱厂《厂约》和《章程》中对科技档案没有明确涉及的话,1904年大生分厂的章程对于基建档案、设备档案的规定相对详细。大生分厂,又称崇明分厂、大生二厂、大生第二纺织公司,1904年张謇、张詧、王丹揆、恽莘耘、刘聚卿、林兰荪等集股,在崇明外沙久隆镇(今属启东)筹建。开车前集得商股60.95万两,由大生纱厂拨入商股余利18.889万两,合计79.839万两。1907年4月17日,大生分厂建成开车。1907年9月8日,大生分厂召开第一次股东会,张謇被推举为首任总理。1935年进行清算,以40万元拍卖给扬子公司。

大生分厂的档案管理,也是由银钱帐房负责。《银钱帐房章程》[3]规定:

---

[1] 张謇:《银行专修科演说》,《张謇全集》(4),第277-278页。

[2] 荣德生:《乐农自订行年纪事》,《荣德生文集》,上海古籍出版社2001年版,第170页。

[3] 《崇明大生分设纱厂专章》,B403-111-8。

购买厂基之地,坐落、方向、户名、亩数,一一查契,按年月抄记编号,专列一册,附系以图,开河、垫土、筑路工价,一并隶入;

建造全厂房屋及工房、市房,位置、方向、高广深尺寸、土木铁石工料价值,按进分晰开列,专列一册,附系以图,厂外桥闸各工,一并隶入;

机器分别山西、英国所购名件及修配件数、价值,断自全机装完为止,分别查明,专列一册,备件亦断自全机装完为止,一并隶入。以后归工料帐房汇报,另册存记;

办事处、花行、批发所、洋匠机匠房等处,一切常用器物备齐后,分别查明所在及件数、价值,专列一册。

以上规定,涉及大生分厂用地、房屋、机器等,是企业的固定资产和生产要素,在维修、保养等方面会频繁查考相关档案。这是将在大生纱厂档案管理基础上总结出的经验,应用到大生分厂。

大生档案统计表[1]

全宗号	全宗名称	档案数量		
		文书档案	会计档案	实物档案
B401	大生沪所	1 036卷（空号1）	2 640卷	
B402	大生第一纺织公司（副厂、电厂）	635卷	483卷	
B403	大生纺织公司	836卷	573卷	
B404	大生一厂	332卷	41卷	
B405	大生第二纺织公司（大生二厂）	165卷	89卷	

---

[1] A215-112为"民国档案汇集",其中部分案卷,从整理者拟写的"内容提要"看,显然原来属于大生档案,系从大生档案中抽调而来。A215-112-64中的《通州女子师范学校初办章程》被列入"大生纱厂创办初期的档案"。

(续表)

全宗号	全宗名称	档案数量		
		文书档案	会计档案	实物档案
B406	大生第三纺织公司（大生三厂）	422卷	216卷	
B407	大生苏工染厂		19卷	
B408	资生铁厂	14卷	17卷	
B409	香港南生行	22卷	16卷	
B410	通海实业公司（实业总事务所）	3卷	95卷	
B411	大达轮船公司	32卷	101卷	
B412	上海盐垦总管理处		6卷	
B413	淮南盐垦公司联合会	89卷	1卷	
B414	淮南盐垦各公司总管理处	335卷	14卷	
B415	通泰盐垦实业投资公司	36卷	7卷	
B416	大丰盐垦公司	362卷	48卷	
B417	大有晋盐垦公司	122卷	66卷	
B418	通海垦牧公司	166卷	13卷	
B419	大生棉田股	4卷	21卷	
B420	兴通信托公司		42卷	
B421	苏棉企业公司	62卷	79卷	
B422	大生档案汇集	17卷	104卷	印章84件，布样294件，共378件
B423	通燧火柴公司	2 594件	92卷	
F001	张謇	152卷		
F002	吴寄尘	21卷		
F003	张孝若	13卷		
F004	陈葆初	8卷		
总计		4 884卷 2 594件	4 783卷	378件

斗转星移，当年这些在激烈的市场竞争中产生并发挥作用的档案，如今安静地置身于南通市档案馆的204库房里。经过时间的沉淀，大生档案的凭证和参考价值渐渐褪去，历史和文物价值凸显。透过大生档案，后人基本能了解张謇所创事业的沉浮，及其对南通社会的改变，对中国社会的贡献。按照南京大学茅家琦教授的观点，大生档案"是张謇留下的研究中国民族资本主义企业和民族资产阶级的最完整的一份资料"[1]。

大生档案中，《大生纱厂创办初期的档案》被列入首批"中国档案文献遗产名录"，《张謇家书》《通海垦牧公司档案》《大达内河轮船公司档案》《大有晋盐垦公司档案》入选江苏省珍贵档案。大生档案受到社会各界的瞩目，不仅在于其内容的丰富性、完整性和独特性，还在于其形式之美。大量精美的手写书法，带给现代人艺术的享受。英文、法文、日文形成的合同、书信、账单，让后人感受大生企业的国际化程度。书信上的谦语，带我们走入当年的语境，体会别样的风范和气度。

对张謇而言，南通是他探索现代化的试验地，也是他展示给世人的理想社会的模板。大生企事业已经超越企事业本身，成为张謇实现其理想的载体。张謇努力地向外界推介南通，国内外宾朋纷至沓来。1920年6月5日至8日，美国哲学家和教育家杜威（John Dewey）受邀到南通讲演和参观，这是南通中西文化交流史上的大事。由于大生沪所参与接待，因此从独特的角度留下相关的档案，完善了杜威来南通的记载，也澄清了杜威离通的时间。

---

[1]茅家琦：《序》，南通市档案馆、南京大学历史研究所、南京大学留学生部江南经济史研究室、江苏省社会科学院经济史课题组编：《大生企业系统档案选编（纺织编Ⅰ）》，南京大学出版社1987年版。

1920年5月31日张孝若就杜威来通接待事宜致沈燕谋函

1920年6月9日合影,从左至右分别是高诚身夫人白美华、杜威女儿(长女)、张謇夫人、杜威女儿(次女)、杜威夫人、张孝若、杜威、高诚身、张謇、张詧、何尚平、李敏孚

杜威是6月4日晚上在上海乘坐大达轮步公司的"大德"号轮船赴南通的。大达轮步公司成立于1905年，由张謇和李厚祐筹建。对于杜威的这次旅行，南通方面做了精心的安排，由张謇的独子张孝若具体筹划。时年22岁的张孝若被其父寄予厚望，张謇有意把他推向前台。张孝若当时担任刚成立的淮海实业银行的总经理，并筹备在上海开设分行。5月31日张孝若给大生沪所的沈燕谋写了一封信，信中要求沈燕谋把"大德"轮的大餐间完全包下，供杜威一行使用，包括杜威夫妇及两个女儿、两位翻译，共6人。（据6月9日《民国日报》，随行两人为刘伯明和杨英夫，均为南京高师职员）并在大餐间案上铺上洁白的餐布，同时悬中美两国国旗，"务求清洁，使人一上大达船，即见南通真精神"。张孝若请沈燕谋亲自上船，把欢迎信交到杜威手上，至于第二天的早餐，关照船上预备好。张孝若还告知沈燕谋，"大德"轮在抵达天生港之前，会在任港停留，南通方面有人上船接站。[1]

接下来的3天，每天上午杜威都发表一场演讲。演讲之余，杜威参观南通有代表性的企业、学校、文化机构、慈善组织和风景名胜。8日中午，美国基督会传教士高诚身在家中为杜威饯行。张謇也应邀出席，并在农历四月二十三日（6月9日）的日记中记载"高诚身邀同杜威午膳。是夕杜行"。不过张謇记录的时间与其他史料有出入，张孝若6月9日给沈燕谋的信中，提到"杜博士在通招待颇周至，彼十分满意，昨已回沪。博士颇称上船时及船上优待，甚为铭感云"[2]。张孝若的信是当时写的，对"昨"即8日的情形应该是清晰的。何况据6月13日《民国日报》的《杜威在禾演讲记》，杜威于6月10

---

[1]《张孝若致沈燕谋函（1920年5月31日）》，B401-111-194。
[2]《张孝若致沈燕谋函（1920年6月9日）》，B401-111-194。

日十点半乘车从上海抵达嘉兴,如果9日晚从南通坐船去上海,那就太赶了。

随着张謇逐渐为更多的人所认识,张謇引领的南通早期现代化的意义也被进一步挖掘。两院院士吴良镛认为,南通是中国早期现代化的产物,它不同于租界、商埠或列强占领下发展起来的城市,是中国人基于中国理念,比较自觉地、有一定创造性、较为全面地规划、建设、经营的第一个有代表性的城市。张謇是一位广采博用、胸怀开阔、海纳百川的社会变革家,他破除旧世界的羁绊,融入现代文明的精神。大生档案是中国人自强、奋进、崛起的真实记录。南通市档案馆于2016年启动大生档案申报世界记忆工程的前期准备工作,聘请华中师范大学中国近代史研究所田彤教授担任顾问,田教授认为,大生档案记录了"南通模式"的中国城市现代化的发展历程,记载着张謇"以人为本"的"儒家"经济伦理的形成过程,记录了张謇利用外国资本与技术,发展大生集团产业链的进程,在中国现代化、世界一体化的历史记忆中,具有唯一性、完整性、不可再生性及世界意义。

第二章 大生沪所

大生档案形成的主体是大生沪所,因此大生沪所的运作方式直接决定大生档案的内容、种类和数量。档案是实际事务的直接记录,也是客观进程的必然产物。大生沪所在历史上,主要是作为大生企业的驻沪办事机构而存在,因此它形成的档案,主要反映南通与上海两地之间的经济沟通和联络。如会计档案共有4 783卷,近乎大生档案的半壁江山,除了部分是大生沪所自身的运营记录外,主要是在上海代办南通各企事业单位业务的账册;还有沪所与南通企业之间的号信400多卷,在文书档案中占有一席之地。同时,大生沪所又是大生档案的保管者,能否妥善保存,直接决定档案能否存世。大生沪所作为大生档案早年的存放地,经历多次迁徙,尤其是1920年之前,搬迁不仅频繁,而且设施简陋。即使在这种条件下,大生档案还是在动荡中被大生沪所的员工保存下来。考察大生沪所的演变历史,有助于了解大生档案的形成历史。

第一节　暂寓广丰洋行

大生上海公所（后文简称"大生公所"），是大生纱厂驻沪办事机构的最早称呼，也是大生纱厂最早的内设机构，标志着大生纱厂的筹建迈出实质性一步。大生公所存续时间不长，留下的资料也不多，但它最大的贡献在于确定了沪所的主要业务范围，即筹集资金、与上海道和江海关沟通、购买机器物料、成品的销售、银两的汇兑等。大生档案，就是在这些业务活动中形成的。

大生公所是经官府同意设立的。1896年1月26日的《遵办通海纱丝厂禀》，其实反映了"通官商之邮"的张謇的思想。《遵办通海纱丝厂禀》附有通海纱丝厂的章程，共7条。这个与其说是章程，不如看作是向官府的权益申请，包括希望官府不要干涉商办企业的内部事务、可以自行疏通连接长江的河道以利运输、自行开办自来水和电灯、参照上海几家纱厂的惯例给予优惠等。

章程第6条特别提出："定购机器点收装运，及陆续添购煤炭物料、汇兑银洋、出售纱丝、投税领照诸事，均在上海，其与道署、税关交涉甚夥，拟立公所一处，由厂派人经理，刊刻戳记，以昭凭信，文曰'奏办通海大生纱丝厂上海公所记'。"[1]

对于这个章程，除了刊刻戳记"大属不合"没有获批外，基本得到张之洞的认同。1896年2月11日张之洞给光绪皇帝的《通海设立纱丝厂请免税厘片》中说："臣督饬司

---

[1]《十二月初八日商董潘华茂、郭勋、樊棻、沈燮均、刘桂馨、陈维镛遵办通海纱丝厂禀》，B402-111-469。

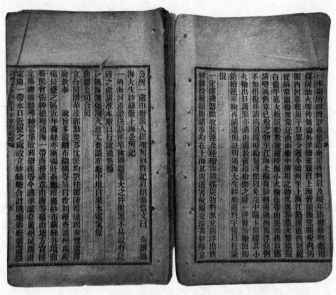

《通州大生纱厂本末章程帐略》所载《遵办通海纱丝厂禀》有关大生公所部分

道,将该商等所禀章程逐一考核,均属可行。除由臣批饬招股兴办外,理合附片陈明,一面将该商等禀请核定章程,咨送总理衙门备案。"经过修订,去除刊刻大生公所印章的条款后的章程,由于涉及江海关报税事宜,由张之洞报送到总理衙门备案。光绪皇帝在奏片上朱批:"该衙门知道 钦此。"[1]

光绪皇帝朱批的具体日期不得而知,但可以从张之洞1896年2月17日的《筹设商务局片》推知。《筹设商务局片》还是在张之洞署理两江总督期间上奏的,光绪皇帝朱批"知道了 钦此"[2],由差牟于3月31日带回,这时的两江总督

---

[1] 张之洞:《通海设立纱丝厂请免税厘片》,《张之洞全集》(奏议),第339-340页。

[2] 张之洞:《筹设商务局片》,《张之洞全集》(奏议),第360-361页。

第二章 大生沪所

《影印创办大生纱厂禀稿暨招股章程原稿》收录的
《通海大生纱丝厂集股章程》（局部）

已经是刘坤一，刘坤一在4月17日发文告知在湖广总督任上的张之洞。从《筹设商务局片》上奏到原件发还，时间在一个半月内，如果按照这个时间节奏的话，1896年2月11日《通海设立纱丝厂请免税厘片》应该在3月下旬反馈到张之洞手上，而光绪皇帝批准的时间——也就是大生公所得到最高层同意的时间，大致在3月中旬。

1938年夏，陈维镛之子陈葆初在上海编辑《影印创办大生纱厂禀稿暨招股章程原稿》[1]。陈葆初在跋中介绍说："章程内加刊'上海公所暂寓四马路广丰洋行内'之红色戳记，所谓上海公所即最初大生在沪之接洽机关，而广丰洋行即沪股要人潘丈鹤琴所供职之洋行也。"

潘华茂，字鹤琴，广东人。大生公所设立后，一直寄寓

---

[1] B402-111-167。

在广丰洋行，主要原因在于潘华茂供职于广丰洋行。大生纱厂创办初期经济困难，除了资金不足，需要暂时寄人篱下外，也有利用洋行的招牌更好地集资的愿望。

办厂需要资本，张謇最早"乃因刘、陈二君之介绍，见潘、郭与谈"[1]。刘、陈是刘桂馨、陈维镛，潘、郭即潘华茂、郭勋。根据1897年5月3日张謇的《光绪二十三年四月初二日呈南洋督部刘通厂集股节略》，"光绪二十一年十一月，初议通州设立纱厂时，由刘桂馨说合，潘华茂、郭勋、樊芬作主，桂馨及陈维镛同办，皆潘、郭意也"[2]。

1863年9月3日《上海新报》第1版刊登广丰洋行《保险船只各货》的广告，可见其进入中国时间比较早。广丰洋行业务范围很广，《申报》1872年8月7日第5版刊登了这样的广告："兹有帆船一只，准初十日开往横滨，其水脚格外公道，各宝号有货物及搭客者，即请来小行面定可也。七月初四日。广丰洋行告白。"广丰洋行自身拥有"长安"轮用于水上运输。《申报》1880年6月10日第6版《吕宋票》的推销广告里，出现了"祈至四马路工部局隔壁本行购取"的文字，落款是"广丰洋行帐房启"，揭示了广丰洋行确切的所在。上海公共租界工部局是租界行政管理的执行机构，占据江西路、福州路、汉口路和河南路4条马路之间的区域，四马路即福州路。日后大生企业兴建的九江路上的南通大厦，离大生公所仅仅两个街区，大概不是巧合吧。

大生公所的负责人为林兰荪，名衔叫作坐号。林兰荪，名世鑫，号兰荪，六合人。早年海门土布商人沈敬夫赏识林兰荪的经营才能，聘请他经营在上海的业务，负责报告市

---

[1] 张謇：《总理报告经理本厂十二年历史》，B402-111-470。
[2] 张謇：《光绪二十三年四月初二日呈南洋督部刘通厂集股节略》，B402-111-469。

情、提供意见、收售货品、调度银根等。沈敬夫是大生纱厂筹办时期张謇忠诚的助手,他把"性坚毅,局量甚宏,遇事多深虑,谋而后定"[1]的林兰荪推荐给张謇。张謇用人不疑,林兰荪则把余生都倾注在大生的事业上。

大生公所的职员情况,目前没有详尽的档案记载。大生档案里保存着鲍涨保写给张謇和张詧的一封求援信,提供了一些信息。[2] 大生会计档案里记载有鲍长保,也有写成鲍长宝,估计就是这个鲍涨保,而这封信他人代笔的可能性很大。鲍涨保自述年已58岁,光绪廿二年进沪帐房工作,"至今有廿数载"。光绪廿二年是1896年,正是大生公所设立的时

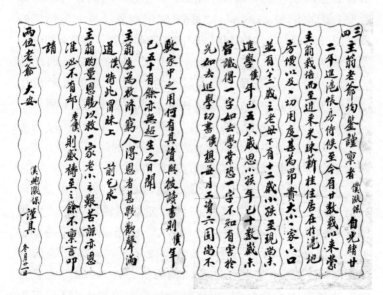

鲍涨保给张詧和张謇的信

---

[1] 徐一瓢:《林兰荪先生传》,《张啬庵先生实业文钞》,南通翰墨林印书局印。

[2] F001-311-58。

候,说明鲍涨保是大生公所的员工,亦是大生纱厂最早的雇员之一。信大约写于1920年前后,沪帐房是大生公所后来的称呼。鲍涨保向张謇和张詧叹苦经,说居住在上海,物价昂贵,家中大小六口,上有82岁老母,下有12岁孩子,自己每月仅有6元收入,不敷支出,孩子无法上学读书,恳请张謇和张詧救济。

大生公所设立时,大生纱厂还处于拟议阶段,大生公所之所以设立在上海,更多是经济上的原因。大生纱厂选址在南通唐家闸,但股本的筹集主要在上海,最早一批纺织机器和燃料也是从上海辗转运到南通。而两江总督官署和具体负责商务的江宁商务局位于南京,大生纱厂的创办者不时地需要赴南京汇报。1896年12月6日江宁商务局与大生纱厂的《官商合办条约》,1897年江宁商务局与张謇、盛宣怀的《合办通沪两厂条约》,签订地也是在南京。南京毕竟是两江地区的政治中心,如果从与官府联系的角度,大生的驻外机构似乎设在南京更加适宜。但是从经济的角度来说,上海对于大生纱厂的意义更大。南通,以及张謇的出生地海门,与上海之间无论是历史还是现实,都存在密切的经济联系。在上海设立一个办事机构,无疑更合理和有效。

通海地区与上海一江之隔,地缘相近,人缘相亲。南通与上海一样都是滨江临海,因此船舶运输对各自的发展都起到推动作用,值得关注的是沙船。沙船是一种平底船,可以江海两用,特别适合在长江口以及长江口以北的海域(北洋)航行。由于长江和黄河携带大量泥沙入海,在长江口和北洋形成大片沙洲,平底沙船适合在夹沟中穿行。根据乾隆《崇明县志》,"沙船以崇明沙而得名。太仓、松江、通州、海门皆有"。据统计,道光六年(1826)、道光二十八年(1848)、咸丰二年(1852)三次海运承雇的沙船,以通州、崇明、太仓、镇洋、元和、昆山等州县船籍居多。[1]由于上海位于南北洋的中心，因此成为重要的贸易口岸，沙船云集上海，以原籍形成十一帮，其中通州、海门、崇明三帮势力最大。"开埠前，沙船商代表了上海最大也是最重要的商业资本。"[2]三地的沙船大户，很多都在上海置业居住，成为上海发展过程中重要的经济元素。[3]

以沙船为代表的运输业，带动了上海的经济发展。沙船从上海出发，携带布、茶之类南货运往北方，又从北方载回豆、麦等北货。通海地区的土布，深受东北地区人们的喜爱，称为关庄布（又名沙布）。关庄布实际的交易在上海，消费则在东北。通海关庄把沙布运往上海，售与各帮，转运东北，自己直接运销东北者极少。[4]关庄布主要通过号帮和散帮运往东北。号帮大多是宁波人，曾购置了一批吕四的沙船；散帮大都是沙船帐房出身，多半是通州人。1897年12月7日天津《国闻报》"营口新闻"中记载："大尺布又名沙布，系苏省通州及海门两属所出。近年沙船商人装运到营，计每件布二千五百尺，本银约三十两。"[5]关庄布的流转过程中，通海地区涌现出很多土布商人，这些人谙熟棉纱布业生产流程，懂得棉纱布业经营之道，有一定资本，与钱庄有密切联系。参与大生纱厂

---

[1]郑海涛：《清中期沙船商人探析：以道光六年海运为中心》，硕士学位论文，江西师范大学，2017年，第1页。

[2]于醒民、陈兼：《十九世纪六十年代的上海轮运业与上海轮船商》，《中国社会经济史研究》1983年第2期，第83-99页。

[3]松浦章：《清代上海沙船航运业史研究》，江苏人民出版社，2012年版，第51页。

[4]林举百：《近代南通土布史》，南京大学学报编辑部，1984年版，第42页。

[5]转自松浦章：《清代上海沙船航运业史研究》，江苏人民出版社，2012年版，第278页。

创办的刘一山和沈敬夫,就是通州的沙布商人,两人频繁往来通沪之间,刘一山还担任沙布公会的主任董事。

　　企业是以市场为导向的,大生纱厂的原料来自本地的棉花,生产的棉纱供应给本地的织户,表面看只要关注本地市场就可以了。但织户购买棉纱后,织成的土布,大部分最终需要通过上海流向东北。因此就产业链而言,上海处于枢纽环节。何况到1896年,上海拥有华盛纺织总厂、裕源纱厂、裕晋纱厂、大纯纱厂等企业,成为中国最大的棉纺织工业区,上海市场行情是大生纱厂必须关注的,设立办事机构有利于跟踪市场动态。大生纱厂所需的机器配件、燃料等生产必备物资,在上海采购也容易许多。

　　此外,将大生公所设在上海,还可以依托上海这个全国的金融和贸易中心来集资。上海一直是大生纱厂最主要的资金来源地,许多股东甚至没有实地去过大生纱厂,只是通过大生纱厂的驻沪机构与大生纱厂发生联系的。

　　与江海关的联络和沟通也是设立大生公所的原因。大生纱厂官机从上海运往通州,随后机器配件、燃料的运输,以及开工后产品运往外地,都需要跟江海关打交道,而江海关就设置在上海。

　　1897年8月,买办潘华茂和郭勋退出大生纱厂的筹办,表面原因在是否引入官机(官股)问题上与张謇发生分歧,实质是并不看好大生纱厂的前景。潘华茂和郭勋认为接受官府的机器意味着有官股,有官股官府就会干涉和掣肘,而当时大生纱厂集股不顺利,接受官机能够加快建厂进程,张謇表示官府如有干涉,自有他去处理。潘华茂和郭勋最终退出,从后来大生纱厂的经营情况来看,他们失去了一次极佳的投资机会。大生公所因此搬出暂时寓居的广丰洋行,迁至新北门外天主堂街,名称改为大生纱厂沪帐房。

　　从《遵办通海纱丝厂禀》第七条看,大生公所的名称似乎模仿自华商机器纺织公所。1893年冬天，受李鸿章委派，负责在被大火焚毁的上海机器织布局基础上，重建华盛纺织总局的盛宣怀拟订《华商机器纺织公所章程》。公所一般是指同业的协会。华商机器纺织公所是一个半官方性质的行业组织，具有一定的行业管理职能。如《华商机器纺织公所章程》规定，经过该公所查明的华商资本，才能购置进口纺织机器，这是为了禁止洋商设立纺织企业而采取的措施，因为"纱布为民生日用之需，若洋商用机器纺织，系夺华民生计"；[1]还规定了华商纱厂之间协商事务时的办理流程。华商机器纺织公所最重要的事务，是对各纱厂生产的棉纱，按照每包（400磅）收取规银一两，用于补偿被焚毁的机器织布局的官商投入。因此由北洋大臣任命公所委员，并发给钤印一颗，用于捐款单照。华商机器纺织公所毕竟是一个上海各纱厂总办"会议公事"的行业组织，不同于大生公所只是大生纱厂的一个内设机构。因此大生公所改名为沪帐房，在情理之中。

第二节　借驻春裕成

　　1897年秋，大生公所迁出暂寓的广丰洋行，搬入天主堂街，并改称沪帐房，具体地址为31号的春裕成，一直到光绪二十五年（1899）五月。这时期是大生纱厂筹建的关键阶段，1899年5月23日，大生纱厂开纺，不久获得盈利。沪帐房把沪通两地紧密地联系在一起，为大生纱厂的创设提供资金、物

---

[1]《华商机器纺织公所章程》，夏东元编著：《盛宣怀年谱长编》（上册），上海交通大学出版社2004年版，第416页。

料、人才的支撑,功不可没。

帐房,按照龚光汉《会计大辞典》[1]的解释,是指清代到中华人民共和国成立之前民间工商企业会计和会计人员的俗称。但大生沪帐房的业务范围,显然超出了这个定语。大生沪帐房除了为大生纱厂募集资金外,很大的精力花在采购机器、配件和燃料上,然后取得江海关的通关护照,雇佣船只运送到南通。此外还在上海物色技术人员和熟练工人,以及为张謇和张詧兄弟处理个人事宜。

春裕成时期的沪帐房,为后人留下大生纱厂经营管理最早的档案,现存的大生档案(除张謇个人形成的少量档案外),就是春裕成时期开始形成并保管下来的。大生沪帐房建立了完善的会计制度,形成足以反映大生沪帐房管理活动的会计档案,其中最早的为形成于光绪二十三年(1897)的《总录》,相当于分类账。同时还留下大量的文书档案,使得后人能够通过档案,感受到大生沪帐房的各种经营活动的细节。

1897年12月1日的《申报》第5版,刊登了《通州大生纱厂告白》,里面提道:"凡从前已入股领有收据而未领股票息折者,请至上海新北门外天主堂街本帐房换给。"上海新北门外天主堂街,即现在的四川南路新永安路至延安东路段。所谓的天主堂,是指天主教若瑟堂,这是上海租界内最早的一座教堂。据大生会计档案,大生沪帐房是从光绪二十三年(1897)十月开始支付房租的,每月规元十两,而之前未发生过此类支出,"申帐房由二十三年十月至二十五年三月卅房金九八元贰百六拾一两三钱五分"[2]。

大生沪帐房的设址需要考虑地利的因素。大生纱厂设

---

[1] 龚光汉:《会计大辞典》,内蒙古文化出版社,2000年版,第19页。
[2] 《通厂往来》,B401-311-2。

第二章 大生沪所

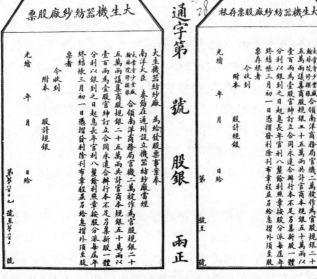

大生机器纺纱厂股票

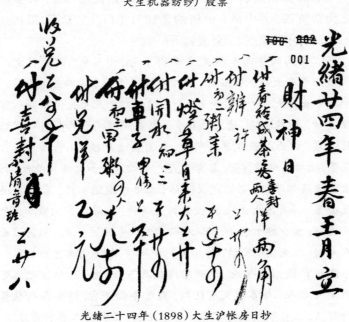

光绪二十四年（1898）大生沪帐房日抄

立驻沪办事机构的初衷之一,是需要与上海道和江海关税务司经常联系,办公地点须与上海道署和江海关靠近。其时的上海道署设在上海县城大东门内,现在的巡道街上。而江海关新关的官署,则位于汉口路外滩。从位置上看,新北门外天主堂街位于华界和法租界交界处,大致在上海道署和江海关新关两点之间的中点,而且离两处的距离都不算远。

大生纱厂尽管在筹备中,但帐房作为企业的脸面,也承担了集资的职能,位置不能过于偏僻。新北门外天主堂街靠近外滩区域,算是繁华市面。此外与洋行、银行和钱庄打交道也很便捷。

至于具体选择租赁春裕成的房屋,与春裕成提供的办公条件有关。交通便捷,位置适中,兼带生活便利,是大生沪帐房选择春裕成的原因。

有关春裕成的情况,《申报》有几则报道涉及,大多称之为杂货栈,其中最有价值的是1891年11月22日第2版刊登的《法界公堂琐案》,全文如下:

工部局收捐西人控天主堂街十号、十三号门牌新昌太,三十一号利太昌、春裕成,永安街二号复昌恒,四号太古昌,十二号长源太,十号慎和太,小东门外四十五号长记栈等八家报关行,抗不认捐,请为传讯,由朱森庭明府于昨晨将八家饬传到案。该西人投案禀诉前情,新昌太遣严桂之、长源太遣俞荣堂、太古昌遣竺霭堂、春裕成遣叶祥之、慎和太遣周步云、利太昌遣唐锦华、复昌恒遣崔保林、长记栈遣潘心根,各投案递呈公禀。并有源太永之徐长荣到堂诉称:我等各家均系二十余年老行,至少亦十余年、六七年不等,从未捐过此款。日前该西人来时,计点行中客铺,殊不知行中所住,皆系买卖货物之客,不能与客栈相提并论。朱明府得供之下,以该行等所住之客皆系坐庄客人,与客栈大有区别,商之鲁翻译官,饬令各行伙暂行退去,俟查明报关行家曾否捐过此款,于礼拜二再行覆讯。

上述报道揭示,春裕成位于天主堂街三十一号,经营有报关、客栈业务。报关是大生沪帐房的重要事务,春裕成或许能助一臂之力。而客栈为大生沪帐房的人员住宿提供便利,也方便南通方面人员来沪期间的逗留。张謇也曾在春裕成留宿,1898年10月14日张謇日记记载,这天抵达沪上,"寓天主堂街通厂帐房"。

不仅如此,春裕成还经营餐饮业。大生沪帐房的总录,即分类账显示,从光绪二十三年(1897)十月至二十五年(1899)五月,每月除了缴纳给春裕成房租外,还有一笔伙食支出。以光绪二十三年(1897)十月至十二月为例,每月房租为规元十两,而伙食费分别为洋8.79元、洋18.95元、洋18.05元。[1] 光绪二十四年(1898)大生沪帐房记的第一笔流水账,为"付春裕成茶房喜封,两人,洋两角",时间是春王月财神日,即正月初五(1月26日)。当天还支付了"初四、初五春裕成去办菜洋两元"[2]。还如光绪二十四年五月初三(1898年6月21日),大生沪帐房"付春裕成厨司节规洋两元";六月廿六(8月13日),"付添菜六样,春裕成厨司洋七角(张第一日来申)"。[3] 可见沪帐房的人员与春裕成茶房关系密切,饮食上也有赖春裕成茶房。

前文提及1897年8月11日,张謇与盛宣怀签订《通沪纱厂合办约款》,约定双方各自领取2万余锭官机,各作价25万两,分别在唐家闸和浦东开设工厂。根据大生会计档案,以及参与分机的郑孝胥所记日记,基本可以还原当年华盛纺织总厂和大生纱厂分机的概况。

1897年9月30日,大生纱厂方面的沈敬夫、陈少岩、蒋书

---

[1]《房租火食》,B401-311-26。
[2]《大生沪帐房日抄(光绪廿四年春王月立)》,B401-311-1。
[3]《大生沪帐房草流(光绪二十四年五月立)》,B401-311-13。

箴与郑孝胥,一同拜见了盛宣怀,协商分机事宜。10月1日,大生纱厂的沈敬夫、陈少岩、刘一山、蒋书箴,华盛的盛宙怀、潘剑云(翻译)到瑞记洋行,会同崔鼎及买办吴仁甫、顾佩堂,洋人李曼、史立臣、汤姆斯,讨论分机事宜。11月5日,众人到堆栈查看机器。11月9日郑孝胥到杨树浦察看了分机,13日又去看通过驳船将大生纱厂的机器转送到运输的兵船上。大生纱厂纱机运往通州,一直到1898年春。这段时间沪帐房的员工从春裕成到杨树浦之间不停地来回,大生沪帐房有不少的费用流水记载,如光绪二十四年二月十二日(1898年3月4日),下雨,王翰斋坐车子杨树浦来回,费用洋3角5分。有趣的是同一天,还有一笔捕房罚款,系工人长宝装零件,在杨树浦小便,罚金为洋3角。[1]

分机是由汤姆斯制定方案的,之后大生纱厂的官机也是他指导安装的。汤姆斯是英国人,期间需要翻译向具体安装的工人传达他的意图。由于华盛纺织总厂参与了分机,最初是翻译处的潘剑云提供翻译。之后潘剑云,包括他的同事蔡啸甫继续协助大生纱厂,大生沪帐房多次给两人送礼、请两人吃饭,一直到大生纱厂开工前不久的光绪二十五年(1899)二月间,还给两人送礼洋6元。[2]汤姆斯还参与大生纱厂厂房的建设,光绪二十三年十二月,承办大生纱厂基建的曹青章木作确定了施工方案,大生纱厂聘请汤姆斯作为监工,酬劳一千两,潘剑云居间为业主大生纱厂、承建方曹青章和监工汤姆斯三方面进行沟通。

大生纱厂早年缺乏翻译,潘剑云和蔡啸甫在较长时间帮了大忙,显然是得到盛宙怀的首肯。盛宙怀是盛宣怀的堂弟,字荔孙,曾任广东候补知府,时任华盛纺织总厂总

---

[1]《大生沪帐房日抄(光绪廿四年春王月立)》,B401-311-1。
[2]《各种使费》,B401-311-26。

办。从分机开始，盛宣怀给了大生纱厂很多支持，特别是在技术和管理方面。对于大生方面的咨询和考察，可谓热情相待，这在大生纱厂起步阶段，殊为难得。光绪二十四年元月廿日（1898年2月10日），大生沪帐房向华盛借来引擎锅炉房承揽一个，二十二日（2月12日），又借来工程承揽八个，二十四日（2月14日）送还。[1]承揽即劳务或供货合同，把原始合同借出，相当于把商业秘密和盘托出。大生纱厂选择曹青章的协顺木作为厂房的承包商，估计也与华盛有

大生纱厂从华盛纺织总厂抄来的工资标准

---

[1]《大生沪帐房日抄（光绪廿四年春王月立）》，B401-311-1。

关,因为协顺木作曾经在1894年承揽了华盛纺织总厂轧花厂的建造。据盛宙怀1894年致盛宣怀的函:"轧花厂已开标,附图一纸,其价最高者三万余两,至小者二万三千八百余两,因无保人,是以不做。其次者即曹青章水木作,计价银二万三千九百四十六两,保人系叶成忠所开顺泰木行,业已定夺开工矣。"[1]大生纱厂开工后,由于粗纱机太少,所纺的粗纱不足2万锭细纱机生产,因此向华盛"借用粗纱棉条钢丝车,共二十二部,仍由原洋匠装配,以足成二万锭实用"[2]。对于盛宙怀的支持,张謇刻骨铭心,可以从张謇在盛宙怀去世7年之后的1910年所写的《纺工说明书后序》中体味其感恩之心。

春裕成时期的大生沪帐房,除了突击性地完成分机和转运外,筹集资金、购买物料、与上海道和江海关沟通是日常的主要工作。

大生沪帐房一方面需要为大生纱厂集资,另一方面还要筹集大生纱厂的流动资金。早年的集资非常困难,以上海栖流所为例,其投入的规银一万两,还需要付给利息,1898年3月31日,大生沪帐房到保安堂送给栖流所该年的利息规元142.222两。[3]鉴于集资数额不敷使用,短期高息借款是无奈的选择,如光绪二十四年六月二十九日(1898年8月16日),大生纱厂借源丰润两笔款,各规元五千两,归还期分别为九月底和十月底,利息高达每月一分二厘。[4]

---

[1]《盛宙怀致盛宣怀函(1894年5月12日)》,陈旭麓、顾廷龙、汪熙主编,陈梅龙编:《盛宣怀档案资料(上海机器织布局)》,上海人民出版社2016年版,第287-289页。

[2]《九月十五日咨呈南洋督部刘》,B402-111-469。

[3]《大生沪账房送银回单(光绪丁酉年冬立)》,B401-311-4。

[4]《票底(光绪贰拾四年吉立)》,B401-311-38。

上海开埠后经济迅速发展，19世纪50年代就取代广州成为全国的贸易中心。1895年《马关条约》签订后，随着外资和中资企业的不断设立，五金材料的进口也日益增多。大生纱厂对于通州来说是新事物，纱厂需要的物料，特别是五金材料，在本地无从获取，上海是最合适的供应地。据大生沪帐房的送银回单，最早的一笔购货交款，是光绪二十三年嘉平月念三日（1898年1月15日），付给万源洋货号的英洋57.4元。[1]在大生沪帐房的物料贸易对象中，还有威麟洋行、杨祥记、顺利、义昌成、老顺记等，其中老顺记是上海有代表性的五金供应商。1862年叶澄衷在虹口百老汇路口开设顺记洋货号，经营食品及船上五金杂货、洋油、洋烛、洋线等，之后业务不断发展，甚至从事小火轮的买卖。1876年又设新顺记洋货行于外虹桥百老汇路武昌路口，原顺记洋货号改名为老顺记洋货行。后来又在百老汇路武昌路口设义昌成号，樊棻（樊时勋）任经理。樊棻是叶澄衷的同乡，为人精明能干，他打通关节使老顺记洋货行成为驻沪、驻闽海军军需物资的供应商，获得丰厚利润。张謇筹办大生纱厂时，樊棻是最早的六位董事之一，尽管很快退出筹办，但与张謇仍然保持着密切的联系，在1907年大生纱厂首次股东常会上被选为查账员，大生分厂首次股东常会上被选为议长和查账员，还参股通海垦牧公司和同仁泰盐业公司。樊棻是1907年创办的浙江兴业银行的创始人和股东之一，曾担任办事董事兼申行总经理，对大生企业的融资多有帮助。

1896年2月11日，南洋大臣张之洞上奏，其中为拟办中的大生纱厂争取优惠的税收条件："应照上海机器纺纱织布各厂奏定章程，只在洋关报完正税一道，其余厘税概行宽免。"[2]大

---

[1]《大生沪账房送银回单（光绪丁酉年冬立）》，B401-311-4。
[2]张之洞：《通海设立纱丝厂请免税厘片》，《张之洞全集》（奏议），第339-340页。

生纱厂在上海购买的物料,在江海关交税后,凭上海道颁发的护照,可以直接运往通州,沿途不再缴纳厘税。1898年12月16日,大生沪账房去上海道署领取护照,流水账记录给道署号房1元,十三日再次到道署领取护照。[1]护照由大生沪帐房到上海道署领取,日后发展到可以一次迳领100张。光绪三十三年二月十七日(1907年3月30日),张謇致信上海道瑞澂:"兹查前领护照壹佰张,自壹号起至壹佰号止,业经用完,除已将填用者随时陆续缴销外,相应循案续领。"[2]为此张謇请求瑞澂按照成案再印发护照壹佰张,编号后交给大生沪帐房。二十四日(4月6日)瑞澂复函批准,由大生沪帐房"随时填用,仍按月汇缴一次"[3]。这是否为大生纱厂独享的优惠政策,不能确定,但这样的便利条件,无疑节约了很多时间成本。

在整个春裕成时期,大生沪帐房的负责人林兰荪没有取过工资,这一方面跟大生纱厂资金困难有关,也因林兰荪还兼管着沈敬夫的申庄,有着另外的收入,所以不至于窘迫。当然在大生纱厂开工获利后,林兰荪得到的回报很大,大生纱厂在光绪二十六年(1900)元月付给林兰荪光绪二十五年(1899)薪水规元244.252两,光绪二十六年和二十七年(1901)薪水为每月洋40元,而在光绪二十七年五月林兰荪一次性得到花红款洋700元。

大生沪帐房从设立开始入乡随俗,为帐房投保。大生档案保存着伦敦与兰开夏郡火险公司(London & Lancashire Fire Insurance Company)1899年2月2日出具的保险单。这

---

[1]《大生沪账房草流(光绪二十四年十月立附二十五年)》,B401-311-14。

[2]张謇:《二月十七日移上海道文》,B401-111-10。

[3]《二月二十四日瑞道来文》,B401-111-10。

1899年2月2日伦敦与兰开夏郡火险公司出具的大生沪帐房保险单

份编号为539205的保险单是648883号保险单的到期续签，保险期1899年1月12日到1900年1月12日，保险标的是上海法租界第24街区孟斗班路32号对面的欧洲大厦（孟斗班路31号）里大生沪帐房内的私人财物，保额1 000元。保单背面写有"春裕成代大生帐房保险单"。[1]孟斗班路31号，即天主堂街31号。

第三节　从裕源到外滩

光绪二十五年（1899）六月，大生沪帐房搬进裕源批发所，一直到1920年迁入南通大厦，是历经迁徙最为频繁的阶段。大生沪所先后驻扎的地方有裕源批发所、印书公会、通海花业公所、协兴公皮货行、南太平码头、小东门外、法租

---

［1］B404-111-32。

界外滩12号。大生档案一直处于不断搬家的过程中。据在南通亲历过大生档案整理的人士回忆,大生档案在相当长的时间里,不管是零散件还是已经整理成卷的,都是装在大皮箱里的。从目前大生档案完好保存的状态看,也没有捆扎之类的痕迹。光绪二十三年十二月二十八日(1898年1月20日),大生沪所会计总录"置办生财"类目下,记录"付皮账箱一只,洋一元五角"[1],不知是否就是用以装档案的箱子。

大生纱厂开车后经营顺利,在张謇的倡导下,一系列的配套产业在通海地区陆续投资设立。以棉纺业为核心的产业链初步形成,以资本为纽带的大生企业集团日益壮大。张謇依托上海、接轨上海,并通过开辟航线、自开商埠强化南通与上海的经济联系。南通在张謇及其共同创业者的努力下,被中外人士视为模范县,一度蜚声中外。在此背景下,大生沪所的事务日趋繁杂,体现在形成的大生档案上,档案内容的涉及面明显增多,不仅有南通企事业的后起者诸如大生分厂(二厂)、大生三厂、通海垦牧公司、通州师范学校、新育婴堂等,还出现了江西瓷业公司、震旦学院、左海公司等多家外地企事业单位。

1899年7月15日和16日,上海的《申报》《新闻报》刊载《大生厂告白》:"通州大生纱厂驻沪帐房今移于英后马路裕源批发所内。"英后马路,泛指南京路以北、苏州河以南所有东西向的马路,位于当时的英租界内。裕源批发所所在的阜成里,南接天津路,北通宁波路,这一带商铺林立,钱庄集中。这次搬家花了洋4.6元,其中"抬力"4元,就是搬运工4元,"车力"6角,估计是人力车费,另外还给帮忙搬家的裕源批发所伙计洋8角。[2] 大生沪帐房在裕源批发所期间

---

[1]《置办生财》,B401-311-26。
[2]《各种使费》,B401-311-26。

是搭伙的,曾有伙食费和补贴用煤费支出。

七月十七日(8月22日),大生沪帐房流水账中再次出现搬家费用:"移房抬力洋叁元三角,给裕源司四角,移房帮工洋七角。"[1]七月十八日(8月23日),大生沪帐房向印书公会支出七月份房租洋20元,次日,又跟裕源结清1个半月的房租洋30元。[2]就是说在裕源批发所待了不到两个月,大生沪帐房又搬到印书公所。印书公所成立于1897年,由顾涧宾、黄尧圃在上海设立,据华东师范大学出版社2009年版的上海高中历史教材有关内容,印书公所"非意在研讨有关翻译、出版方面的专业知识,而是从事西书翻译出版的专门机构,具有文化企业的性质"。《新闻报》1898年4月28日刊登的《印书公所告白》里,提到该公会自备机器、铜模、三四五六号铅字,可以代为印刷书籍和浇铸铅板,"请至六马路本会帐房面议",六马路即北海路。

时隔不久,大生沪帐房又一次搬迁。十二月卅日(1900年1月30日),大生沪帐房会计档案记载,支付花公所十月、十一月、十二月这3个月的租金洋45元。[3]所谓"花公所",即通海花业公所。这里所谓的"花",指棉花。通海花业公所设立于1891年,是通州、海门和崇明的棉花商成立的,用来统一棉花销售计量标准、防止假冒、打击棉花掺水的行业组织。

光绪二十六年二月初九(1900年3月9日),益生东(商号)持汇票,向"法马路首善里通海花业公所内大生纱厂沪帐房林兰荪、潘瑞徵先生验兑"500两,二月二十四日(3月24日)兑付。[4]同日,张趾麟先生持汇票,向"上海法马路首善

---

[1]《各种使费》,B401-311-26。
[2][3]《房租火食》,B401-311-26。
[4]汇票均见B404-111-24。

里通海花业公所内大生纱厂沪帐房林兰荪、潘瑞徵先生验兑"墨西哥鹰洋100元。[1]法马路,建于1860年,是法租界修筑的第一条马路,又叫作法大马路,即现在的金陵东路。

1900年3月22日至24日,《申报》和《新闻报》连续3天刊登《通州大生厂告白》:"本厂沪帐房今迁移法租界紫来街同福街协兴公皮货行内。"紫来街为现在的紫金路,是一条南北走向的道路,南连人民路,北至延安东路。

光绪二十六年三月二十三日(1900年4月22日),益生东再次持汇票,向"上海法马路紫来街同福街协兴公皮货行内大生纱厂沪帐房林兰荪、潘瑞徵先生验兑"500两。[2]三月二十四日(4月23日)益生东兑500两,四月十四日(5月12日)兑付。[3]六月初十(7月6日)益生东至协兴公兑400两。[4]

光绪二十九年四月二十七日(1903年5月23日),张謇在上海乘坐日本邮船会社的"博爱丸"轮船,赴日本考察,置身紫来街的大生沪帐房为张謇的日本之行张罗了一阵。张謇是十九日(5月15日)抵达上海的,二十三日(5月19日)理了发,二十五日(5月21日)最终定下行程,并买了船票(洋134.4元),兑换了日币30元。二十六日(5月22日),张謇登船,坐人力车花了洋1.1元。开船当日,大生沪帐房还为张謇代办赴日的物品(洋22.8元)[5]。等到张謇六月初六日(7月29日)早上五时回到上海,大生沪帐房已经搬到十六铺南太平码头弄。张謇在这天的日记里记载:"是日顺风乘潮,故速。纱厂帐房已移十六埠南太平马头弄内。前地二弊:楼上太低,夏日不堪其热,秋病皮臭。今亦二弊:弄不洁,马车难通。"从张謇的日记推断,大生沪帐房不仅搬迁频率高,而且办公和生活的

---

[1][2][3][4]汇票均见B404-111-24。
[5]张謇赴日相关费用见《大生沪帐房草流(光绪二十九年四月立三册)》,B401-311-32,又见《季公手往东洋》,B401-311-39。

条件比较差。

张謇还在日本期间,《新闻报》1903年6月26日至28日刊登一则广告:"通州大生纱厂沪帐房迁至十六铺南太平码头衕内。"此前大生沪帐房一直在租界租房办公,这是首次搬到华界,跟张謇筹备上海大达轮步公司有一定关系。

1904年,张謇在给南洋大臣《请设上海大达轮步公司公呈》中提道:"上海滨临黄浦一带,北自外虹口起,南抵十六铺止,沿滩地方,堪以建步停船处,除招商局各码头外,其余尽为东西洋商捷足先得,华商识见短浅,势力薄弱,不早自占地步,迄今虽欲插脚而无从。每见汽船、帆舶往来如织,而本国徽帜反寥落可数,用为愤叹。"[1]浦西黄浦江岸线,北自虹口,南到十六铺,凡是能够建造码头的地方,除了招商局码头外,均被洋商占据,黄浦江上桅杆林立,舳舻相继,上面飘扬的大多数是外国旗帜。"自十六铺起至大关止,沿滩一带,岸阔水深,形势利便,地在租界以外,尚为我完全主权所在。"十六铺往南至大关(即江海大关,又称江海常关,位于大东门外肇嘉浜边)一带,处于华界,是建设码头的理想地带。"兹议约结同志,筹集开办经费,先就十六铺迤南老太平码头左右,购定基地,建筑船步,并造栈房,以立根据而固基础。即拟招集华商股本规银一百万两,分作一万股,计每股银一百两,分期收足,掣给股票。船步栈房工程告竣,接续订购轮船,增筑船步,一面先就沿江、沿海及内河地方,相定码头,以便添设。务冀华商多占一分势力,即使洋商少扩一处范围。"张謇等人发起,在十六铺至老太平码头一带,购地建筑轮步,同时建造栈房。需要说明的是,张謇等人创办的上海大达轮步公司,是在十六铺南边建造码头,并不是在十六铺建造码头。

---

[1]《张謇全集》(1),第72—73页。

光绪三十年（1904年）农历四月，大生沪帐房与山协森木作签订合同，"在法界东城河浜建造住宅、帐房五间"，这是大生沪帐房第一次在上海自建房屋。工程采用包工包料的形式，约定4个月完工，工程款规元3800两，分四期支付。[1] 1904年11月15日至17日《申报》和《新闻报》刊登："通州大生纱厂沪帐房迁移法界金利源后城河浜新屋。"

金利源，指金利源码头，是上海十六铺码头的前身，位于新开河路至东门路之间。19世纪50年代，金利源、金方东、金永盛和金益盛四位金姓船主，先后在十六铺沿江一带建造简易码头。1862年，美国商人在十六铺北首建造旗昌轮船码头。1873年，轮船招商总局成立，于1877年收购旗昌轮船码头，之后又将金姓四个码头并入招商局，统一定名为金利源码头。由此，北自新开河路、南至东门路的黄浦江岸被招商局连成一线，并在江滩建造13座浮码头，供长江和近海客轮旅客上下和装卸货物。

经历多年的租借，大生沪帐房终于在上海滩拥有自己的一席之地，一直到1914年。"金利源后城河浜"所指，毕竟比较宽泛，后来以"小东门外"替代。如1905年10月9日的《申报》第4版《纪议立江苏学会情形》，报道前一天江苏学会成立的情况，里面提到江苏学会"另设办事所于小东门外大生纱厂帐房"。

大生沪帐房在小东门外期间，在大生纱厂内部地位逐步提升。1907年8月31日至9月1日，大生纱厂召开第一次股东常会。按照大生纱厂在1907年7月20日《新闻报》上刊登的《大生纱厂开第一次股东会办法次第》，大生纱厂第一次股东会流程为：报告本厂开办以来之历史、查账员报告账目、提议以后应办各事、选举四所董事及协理、在场公推议员公定名

---

[1]《造屋承揽据》，B404-111-33。

数、公推总经理。

在9月1日的会场上，股东常会的议长（主持人）许久香逐条宣读议案，与会股东逐条审议。其中第三条为："公司原有四所董事，现拟改名会计、考工、营业、庶务四所，每所设所长一员，由总理协商董事局委托任用……上海一部分事最繁重，本有驻沪帐房，应改名驻沪事务所，设所长一员。"[1]这条议案得到与会股东的多数认可。第一次股东常会将原定的选举四所负责人的议程，修改为选举五所的负责人，由此看出张謇所代表的股东对大生沪帐房工作的肯定，以及对其作用的重视。大生沪帐房在股东常会上更名为驻沪事务所，并跻身大生纱厂的核心管理机构，取得与会计所、营业所、考工所和庶务所同等的地位。还是在这次会议上，议决的大生纱厂花红分配方案为：股东十成、总理两成、五所所长及机匠一成、各执事一成。从之后历年的分红看，大生沪所的负责人分享了大生纱厂的丰厚盈利。

大生纱厂第一次股东大会的召开，客观上对大生企业的规范经营是一个促进，也影响着大生档案的管理。在档案的内容上，大生内部的号信保存下来的最早的是1907年大生纱厂给大生沪帐房的号信，这应该不是巧合。号信是特定通信者之间的编号信件，以年为单位，按照发信顺序编制流水号。号信的编号与现在的发文号有相似之处，都是以年为单位编的流水号。但号信的编号，是两个通信者之间的流水号，现在的发文号则是同一发文者年度内所有发文的编号。

从手头掌握的资料看，晚清的个人和企业都有运用号信的例子。《国外珍藏晋商资料汇编》收录的山西票号道光二十四年（1844）京都往来书稿，其中最早的是"四月初八日托天成局寄去八十八号信"，四月初八已经寄出八十八号信，

---

[1]《通州大生纱厂第一次股东会议事录》，B402-111-470。

张謇给大生沪帐房林兰荪关于划款的手条

光绪二十六年十二月二十日（1901年1月10日）大生沪帐房缴纳税款的存根单

光绪三十一年七月二十三日（1905年8月23日）江苏巡抚陆元鼎照会张謇同意招股创设上海大达轮船有限公司

说明该票号生意繁忙。在信的开头提道:"于初三日托天成局捎去八十七次之信,内报收会去北公义号足纹银五百三十两,无票砝,有伊信一封,每百两比咱平大四钱,言明见信无利交付。"[1]第八十八号信,还简要地提到之前的第八十七号信的主要内容,对于票号来讲,号信是资金调拨的依据和见证,编号的目的是便于核对。另据《林则徐全集》,林则徐1845年3月14日在开都河南台发出第六十号家书[2],同年4月13日于阿克苏玉子满回庄寄出的家书中提道:"二月二十八日在阿克苏接到六十五号。三月初四日在乌什途次接到六十六号。"[3]远在新疆的林则徐与家人之间的来往信件,通过编号的办法,来了解是否丢失。

大生档案中保存着400余卷大生企业号信,即大生各企业与大生沪所之间的编号来往信件。其中最早为壬子年正月五日(1907年2月17日)大生纱厂总帐房给沪帐房的元号信,里面提到上一年(1906年)总帐房寄给沪帐房199号信,接到沪帐房249号信。[4]大生纱厂《厂约》中"银钱总帐房章程"要求,"沪帐房逐日所来信件,凡与厂事有关者,各处阅后,均应送交总帐房存查",[5]说明在大生纱厂建厂初期,通沪之间应该就有号信发生。如果说1899年时的相关规定还不够清晰,那么1904年《大生分设纱厂专章》里就有明确

---

[1]高春平主编:《国外珍藏晋商资料汇编》,商务印书馆2013年版,第99页。

[2]林则徐:《家书(1845年3月14日)于开都河南台》,林则徐全集编辑委员会编:《林则徐全集》(第八册信札卷),海峡文艺出版社2002年版,第9页。

[3]林则徐:《家书(1845年4月13日)于阿克苏玉子满回庄》,《林则徐全集》(第八册信札卷),第13页。

[4]见《光绪三十三年大生正厂来信(第一册)》,B401-111-4。

[5]见B403-111-620,亦见B402-111-469。

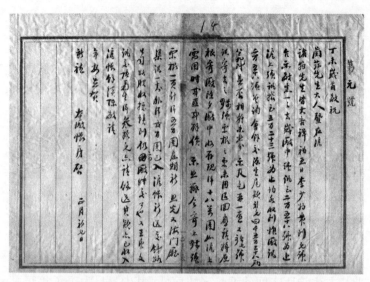

目前所见大生纱厂致大生沪帐房最早的号信

要求:"与正厂及沪帐房交涉单讯编号存稿,与他处讯亦存稿。"[1]即大生分厂与正厂(一厂)、沪帐房以及其他单位联系业务的函件,编号发出的同时需要保存底稿或者抄件。

从大生沪所留存的号信看,1907年、1908年、1909年、1911年,即晚清时期4年的号信,全部是大生纱厂总帐房(会计所)寄给沪所的。1912年,才出现大生沪所给大生纱厂、分厂和营业所的号信。纵观全部大生号信,除了少量的原信,均为沪所发出号信的留底或者所收号信的誊抄件。就号信的内容看,主要是大生纱厂、分厂(二厂)、副厂、三厂、复新面粉厂、苏工染厂、通明电气公司、天生港电厂等单位与大生沪所之间,围绕着企业经营问题,特别是银钱划拨和物件购置事项的相互来往信件。

由于涉及资金往来,因此号信带有凭证性和指定性,是

---

[1] 见B403-111-620。

大生企业内部经济交流的依据。大生纱厂《厂约》中"工料总帐房章程"规定:"机帐房设遇机器损坏补购,会同物料所查明后,应补何物,由物料所单报工料总帐房核明,备函寄沪添购。俟沪办到,先由物料所照原来号讯过磅点数,相符者,加复核讫戳记送总帐房。不符者,亦于单上注明,由总帐房函至沪帐房查问。"[1] 把号信保存下来,一方面是为了内部复核的客观需要,另一方面也是在资金流向上对企业股东有个更好的交代吧。

1914年,大生沪所迁往法租界外滩12号(也称法大马路黄浦滩)。《新闻报》1914年4月4日刊登《南通大生纱厂、崇明大生分厂发给正息、正息余利广告》,里面提道:"大生沪事务所现迁法大马路口十二号洋房。"法大马路,即金陵东路。法大马路口,也就是金陵东路与外滩交界处。广告里提到洋房,这大概是大生沪所除了暂寓广丰洋行之外,第一次搬到西式大楼里。就在之前一天的4月3日,《新闻报》刊登的《南通大生第三纺织厂招工建筑》广告中,还告知"如愿承包此项工程,自阴历三月初三起至初十止,可至小东门外大生帐房看图样并备候取开工价单"。这个洋楼里还有其他商号,比如1918年7月9日《申报》头版刊登立德油厂漆油广告:"如蒙惠顾请至法界外滩十二号本厂事务。"

第四节　从南通大厦到保安坊

大生沪所置身法租界时期,酝酿并实施了一项重要的形象工程,即在上海滩建造一座属于南通人自己的大楼。此

---

[1] 见B403-111-620,亦见B402-111-469。

时大生的核心企业正步入辉煌阶段，连年盈利不仅让股东获益匪浅，还带动上下游企业不断诞生和发展，南通县也随之在国内外声名鹊起。无论是业务拓展后办公场地扩张的需要，还是发达后追求体面起见，再加上有足够的财力支撑，新大楼呼之欲出。

这座后来命名为南通大厦（Nantung Building）的大楼，经营管理是以一种独特的方式进行的。从租地、建筑到出租、运营，具体工作由大生沪所操作，牵头负责的是大生沪所的所长吴寄尘。而投资方则是专门为南通大厦而成立的上海南通房产公司。据《上海南通房产公司股单》[1]，总数11条的公司章程第一条，开宗明义"本公司为南通实业各公司筹备上海办事处房屋而设"，第二条也明确"本公司除在沪租地或买地建屋，采取租金外，不另营他项营业"。公司的股东是定向的，章程第三条限定投资人为"南通公司及实业同人，不另招他股"。鉴于公司事务简单，因此章程第七条规定"不设董事、监事，所有责任公议推南通张退、啬老代表一切"，意味着公司大政由张詧和张謇说了算。但具体事务，则委托大生沪所操办。章程第六条提到"本公司经常一切款项均归大生沪事务所收付"，第八条确定"本公司用管理员一人，即附属于大生沪事务所内"。

南通大厦地块位于当时的九江路22号，毗邻河南南路。面积1.84亩，是以每月规元800两的代价从上海永庆公司租来的。据南通房产公司第一届账略，"本公司由戊午九月租地建屋起，至庚申三月落成"[2]。建造采取招标方式，从现存的大生档案看，至少进行了2次招标。第一次是1918年

---

[1] 1920年11月18日，张詧、张謇填发的大生纺织公司持有200股的上海南通房产公司股单，A215-112-173。

[2]《南通房产公司第一届账略》，A215-112-173。

11月1日开价，久记、三合新、王庆记、联益、张福记、裕昌泰、李合顺、辛和记、朱森泰参与。第二次为12月27日开价，联益、久记、三合新、朱森泰、李合顺、裕昌泰、黄庆记、辛和记投标。辛和记以规元10.5万两中标。[1]

辛和记是上海著名的营造作，据1995年版《杨浦区志》记载，曾承建上海先施公司、申报馆、江南造船所等20余幢大型建筑，在外埠承建南京劝业会、东南大学图书馆、北京邮电总局、奉天兵工厂和天津宝成纱厂等多座建筑。南通大

1920年9月25日《密勒氏评论报》
对南通大厦和淮海实业银行上海分行的报道

---

[1]《新屋营造杂记》，B401-111-131。

厦的设计者是英商裕和洋行，设计费规元5 500两，大厦为前后两幢4层楼房，钢筋混凝土结构。大概是对裕和洋行设计上的满意，1921年张謇聘请裕和洋行的包威尔作为吴淞商埠局的工程师。

1920年4月23日，辛和记致函吴寄尘和沈燕谋："敝作承造贵行之房屋现将工竣，兹特抄奉发票一纸，又加账一纸。"[1]辛和记附上的是南通大厦造价单和追加工程的价目表。据南通房产公司第一届账略，南通大厦房屋最终建筑费为规元11.4 365 738万两，另外还有水汀冷热水管、电灯线、电梯的费用，内部设施先进可见一斑。[2]

南通大厦落成后，大生沪所搬进前楼的二层楼办公，5月22日的《时报》、23日的《申报》刊登《大生纺织公司及南通各实业公司沪事务所迁移通告》："本事务所已于五月十八日，即阴历四月初一日，由法界移至英界河南路东九江路二十二号南通新屋二层楼办事。"南通新屋是当时对南通大厦的别称，在不少文字中可见。

南通大厦的产权属于上海南通房产公司，因此大生沪所其实也是租赁户。据吴寄尘7月23日致张詧和张謇的信函，南通大厦前楼的一层楼为淮海实业银行上海分行用，三层租给华丰公司，四层租给美兴洋行。大生沪所、华丰公司和美兴洋行的租金每月均为规元800两，按照上海滩的惯例，沿街底楼的租金是最高层的双倍，但考虑到淮海实业银行上海分行初创，给予优惠价每月规元600两。至于后面一进，最底层作厨房、栈房、汽车房、茶房卧室、淮海实业银行上海分行饭堂用，租金每月规元170两，根据实际使用情况分

---

[1]《辛和记致吴寄尘、沈燕谋函（1920年4月23日）》，B401-111-141。

[2]《南通房产公司第一届账略》，A215-112-173。

摊;二层为大生沪所员工宿舍;三层是淮海实业银行上海分行职工宿舍;四层租给华丰公司;二层以上租金均为每月规元300两。大生沪所每月应支付租金规元1 200两,由于转租给大生公司3间、中比航运公司1间、南通绣织局1间,可收回规元340两。[1]

1920年大生沪所进驻南通大厦办公,这既是大生沪所的高光时刻,也是张謇及其所创大生企业步入辉煌时期的标志。大生沪所迁入南通大厦,大生档案终于有了相对适宜的保管场所。

然而好景不长,1922年开始,大生企业陷入债务的深渊,1925年上海银团接管大生各厂,企业的实权掌握在银团委派的负责人手上,相对而言大生沪所的地位下降。经济的下行,必然导致上海南通房产公司承受压力。1929年4月21日,上海南通房产公司股东大会决定将南通大厦出让给大生纺织公司。12月1日,上海南通房产公司和大生纺织公司(合同落款为大生纱厂)签订合同,以规元10.255 117万两成交,双方代表分别为吴蕴斋、茅友仁和沈燕谋、吴寄尘。

12月11日,大生纱厂与永庆公司订立卖房合同。由该合同可知,1923年11月13日,大生纱厂把租借永庆公司土地所建造的南通大厦以及租地

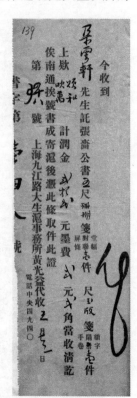

张謇鬻字收据(朵云轩),由大生沪所黄光益代办

---

[1]《吴寄尘致退、啬公函(7月23日)》,B401-111-268。

权,抵押给永庆公司,换得永庆公司借款7.5万两。但是大生纱厂一直没能还款,加上累欠的地租和利息2.755 117万两,合计欠永庆公司10.255 117万两,最终大生纱厂以10.255 117万两的价格,把南通大厦转让给永庆公司。

南通大厦名义上是以上海南通房产公司为业主单位,但在1923年却被大生纺织公司用以抵押贷款。尽管上海南通

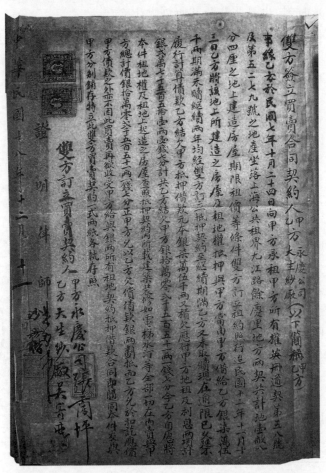

1929年12月11日永庆公司和大生纱厂签订的买卖南通大厦契约

房产公司和大生纺织公司的实际控制人都是张謇和张詧,但毕竟是两个不同的企业实体。大生企业多采取股份制方式运行,但股东对实际控制人约束力有限,实际控制人对于资产的处置拥有无限权力,南通大厦的抵押和买卖只是冰山一角。

南通大厦至今还矗立在繁华的外滩地区,现在为九江路230号。对照老照片,前楼基本保持原貌,后进的四层楼上面,后来加盖了两层,与原有的四层建筑风格迥异。上海市人民政府2015年8月17日公布的《优秀历史建筑》铭牌评述其为"简洁的折衷主义风格建筑",给人低调、沉稳、典雅的感觉。大楼顶部的"南通"两个字隐约可见,似乎在述说着昔日的荣光。

处置南通大厦的同时,大生沪所寻觅新的办公地,这次把目光投向不远处刚刚建成的上海女子商业储蓄银行大楼。上海女子商业储蓄银行由严叔和、谢姚稚莲等发起,于1924年5月27日开业,行址最初租赁在南京路直隶路转角,随着业务的发展,1929年在南京路保安坊自建五层的行屋。女子银行新址,距离南通大厦不远,地处繁华地段。大生沪所与女子银行洽谈租赁事宜,并提出对房屋布局做适当调整。1930年10月7日,女子银行给大生沪所复函,对于大生沪所10月4日来函"关于租赁鄙行新屋四楼全部各节",表示许可;鉴于大生沪所诚意商租,女子银行对于大生沪所拆除原有房屋之间的隔断的要求,要求大生沪所先期绘制施工图样,双方沟通;再约期订立合同。[1]

1930年11月1日,《申报》和《新闻报》同时刊登《大生纺织公司沪事务所迁移通告》:"本所及各盐垦公司,现已

---

[1]《上海女子商业储蓄银行致大生沪所函(1930年10月7日)》,B401-111-321。

迁至本埠南京路虹庙隔壁保安坊东部四楼办公,此布。"而据《中央银行旬报》1930年第2卷第35期上刊登的《上海女子商业储蓄银行迁移新屋》,女子银行"业务日臻发达,所有旧址不敷应用,特在上海南京路虹庙东首392号,自建五层楼新式行屋。今已落成,定于12月8日迁入办公"。12月6日晚,女子银行假座一品香酒楼,宴请上海报界,为迁址造势。女子银行还没有正式搬到新大楼,大生沪所已经迁到女子银行大楼的四楼办公,也是蛮有意思的事情。

1931年11月28日,大生第一纺织公司1931年股东会在上海香港路银行公会举行。根据议程,大会主席赵叔雍逐条宣读1930年10月24日董事会修订的公司章程,经与会股东表决通过。其中第28条规定:"本公司设经理一人,由董事会延聘之。设总务、考工及沪事务所。总务、考工各设部长一人,由经理包括董事会任用之。沪事务所一人,由董事会延聘之。"[1]大生第一纺织公司,下辖大生一厂、大生副厂,其前身就是1895年筹办的大生纱厂。1934年大生第一纺织公司投资的天生港电厂建成。另据1929年11月16日,大生第一、第二、第三纺织公司董监委员联合会议有关大生沪所费用摊任的决议,大生沪所每月约3 000余元的经费,由各厂按照纱锭摊派,第一纺织公司每月摊1 850元,第二纺织公司520元,第三纺织公司630元。[2]由此可见,大生沪所首先是大生第一纺织公司(大生纱厂、大生纺织公司)的驻沪办事机构,由于大生第二纺织公司、第三纺织公司都是在大生第一纺织公司的基础上设立的,彼此之间有资金和业务的

---

[1]《南通大生第一纺织公司民国二十年股东会议事录》,B402-111-39。

[2]《一、二、三厂董监委员联合会议案(1929年11月16日)》,B403-111-87。

联系,因此大生沪所同时也兼理大生第二纺织公司、第三纺织公司的上海业务。

在南京路保安坊期间,大生沪所的体制和人事发生了诸多变化。1935年8月22日,大生沪所所长吴寄尘去世。吴寄尘1912年接替舅舅林兰荪担任大生沪所所长,一直到1935年去世。作为一名职业经理人,他为大生企业乃至近代民族工业做出了突出贡献。吴寄尘展现了极高的专业素养和职业操守,忠诚、勤勉、规范又不失灵活,是张謇理念和意图的具体执行者、落实者。后张謇时代,吴寄尘勉力维持大生沪所的局面,处理与上海银团方面的关系,为大生企业最终清还债务贡献了力量。

1935年年底,徐静仁出任大生第一纺织公司、第三纺织公司董事长。1936年,一公司和三公司董事会组织大生总管理处,下属各厂只负责生产,其他诸如进出货、人员任免、薪酬发放等决定权均归大生总管理处。大生总管理处下设四组,徐静仁兼任业务组长,赵叔雍任总务组长,李耆卿任经济组长,张敬礼任产业组长。大生沪所从一个董事长下属的办事联络机构,转变为董事会下的管理实体。

1945年抗战胜利后,国民政府派洪友兰、陆子冬接管大生各厂。9月15日,一、三公司召开董监联席会议,议决设立临时管理委员会(临管会),代行大生总管理处职权,负责接收和复员事宜,陆子冬为主席委员。临管会接收总管理处,"该处文卷、账册及职员凡在处者,均接收","所有公司账,概于9月22日改行法币记账,管理会即以是日为实际负责之日期"。[1]

1946年5月,大生第一、第三公司召开股东会,选举产生新的董事、监察和经理,临管会结束使命。7月,设立大生上

---

[1]《十二月廿七日第二次董监会议之报告》,B403-111-429。

海联合事务所,吴芳生任所长。大生上海联合事务所,是大生第一、第三公司联合驻上海的办事处,不再具有管理大生第一、第三公司的职能。

1949年5月27日,上海解放,社会政治和经济形态发生巨变,大生企业随之迎来转折。

1951年3月10日,上海市工商局发给大生上海联合事务所的登变字第522号通知单,称"1951年2月2日呈悉,所请更换负责人为徐润周、唐汉材并改名称为大生第一、第三纺织公司上海联合事务所,准予备案"[1]。上海市工商局4月10日颁发的登记证上,联合事务所经营业务为采购原料、物料、燃料及销售成品。[2]

据联合事务所所填商业调查表,其组织架构为,在大生第一、第三公司经理领导下,实行所长负责制,下设业务科、财务科和事务科。[3] 联合事务所的简章规定的职能是:一、三两公司原料、物料、燃料以及一切物件之采购事项;一、三两公司纱、花、棉布等之推销事项;一、三两公司流动资金之统筹调剂及会计事项;一、三两公司帐册报告之审查、稽察事项;事务所文书、档案及人事管理事项;其他有关重要事项。[4]其中有关文书和档案管理单列一条,这也为大生档案得到重视,得以保存下来,起到积极的作用。

1952年年底,联合事务所向上海市有关部门申请撤销。在12月25日给上海市工商局的申请书中,提到撤销的原因:

---

[1]《上海市人民政府工商局通知单(登变字第522号)》,B401-111-1015。

[2]《上海市人民政府工商局登记证(大生第一、第三纺织公司上海联合事务所)》,B401-111-1015。

[3]《上海市人民政府工商局商业调查表(大生第一、第三纺织公司上海联合事务所)》,B401-111-1015。

[4]《大生第一、第三纺织公司上海联合事务所简章》,B406-111-82。

"本两公司上海联合事务所,经常业务,原为销售成品,收购原料、物料、燃料,曾向上海市人民政府工商局登记,领有登字第0122626登记证在案。近以纱布早经统购,机物料又已委托苏北财委购办,是以上海联合事务所,已无设立必要。"经济环境发生巨变,联合事务所退出历史舞台是必然结果。联合事务所有职工30人,职工的安置,除一人年老退休外,其余人员分别调至一公司和三公司。[1]

1953年1月26日,上海市老闸区人民政府老歇53字第03874号通知,称1952年12月26日大生第一、第三纺织公司来文已悉,原则同意联合事务所撤销,要求向社会公告,并在2月10日前补送职工意见书3份、股东会决议案抄本3份、公告报纸3份和登记费3万元。[2] 7月3日,上海市委机关报《解放日报》刊登《公私合营大生第一、第三纺织公司撤销上海联合事务所启事》:"本两公司上海联合事务所,已不合当前生产需要,业经予以撤销,所有该所未了事务,概由我两公司负责处理。除已报请上海市老闸区人民政府撤销登记,并奉到老歇53字第03874号通知同意外,特此启事。"公私合营大生第一纺织公司出面,与老闸区人民政府协商。由于职工已经分散各厂,由联合事务所原工会主席出具证明函;同时呈报联合事务所未及取得股东会议决的理由书和登载有撤销启事的《解放日报》。补充材料于7月16日送达。[3] 7月18日,老闸区人民政府确认联合事务所撤销的通

---

[1]《上海市人民政府工商局企业歇业、解散、撤销登记申请书(1952年12月25日)》,B401-111-1015。

[2]《上海市老闸区人民政府通知(老歇53字第03874号)》,B401-111-1015。

[3]《公私合营大生第一纺织公司为关于我两公司申请撤销上海联合事务所登记一案续送应补文件请予鉴核由》,B403-111-673。

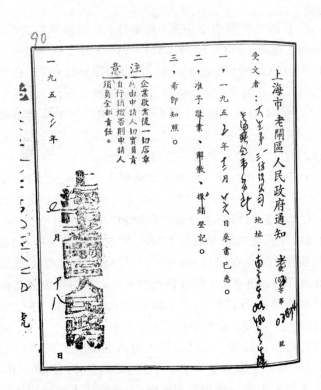

1953年7月18日上海市老闸区人民政府同意大生第一、第三纺织公司上海联合事务所撤销的通知

知下达，文号依旧是老歇53字第03874号，只是多了1月26日通知所没有的"注意"："企业歇业后，一切店章应由申请人切实负责自行销毁，否则申请人须负全部责任。"[1] 以往大生沪所登载启事的《申报》《新闻报》《时报》早已进入历史，大生沪所从此也成为社会记忆的一部分。

从1930年一直到1953年，大生沪所度过了最后的20多年。保安坊女子银行大楼是大生沪所时间最长的办公地。

---

[1] B403-111-673。

这段岁月也是上海最为动荡变迁的年代,历经1932年的"一二八事变"、1937年的"八一三淞沪抗战"、1941年太平洋战争爆发日军占领上海租界,既迎来1945年抗战的最后胜利,也在1949年目睹解放军攻占上海后露宿街头。岁月的风霜中,大生沪所一直幸运地维持着运行,所保管的大生档案也安然无恙。

第三章 企业资产向社会记忆的转化

1948年秋,国共双方的力量此消彼长,中共方面考虑如何顺利接管南通这个具有相当工业基础的城市,大生第一纺织公司成为护厂斗争的重点。大生第一纺织公司总经理张敬礼最终选择留在大陆,使得包括大生档案在内的大生企业主要资产没有南迁,为南通社会经济的发展保存了根基。大生档案是大生企业发展的真实记录,因此很快发挥了作用,为大生企业的清产核资提供原始数据,为公私合营的顺利进行创造了条件。在一批有识之士的努力下,1962年大生档案入藏南通市档案馆,意味着大生档案原有的凭证和参考价值逐渐弱化,由企业的资产转化为社会的共同记忆。大生档案的史料价值很早就为学界所认识,20世纪50年代末开始写作的《大生一厂工人斗争史》《大生系统企业史》等,是建立在研究大生档案基础上的著作。1962年江苏人民出版社出版的《张謇日记》,是中华人民共和国成立后出版的第一部张謇史料。

第一节　张敬礼选择留在大陆

　　大生企业对于南通的重要性，可以从1949年5月30日《中共南通区地委关于南通市接管工作的报告》中了解："南通轻工业比较发达，尤以纺织业为最，大生第一纺织公司拥有十一万余纺锭、九百余台布机，日可产纱二百箱、布一千匹，其资金占南通工商业资本20%左右。海门之大生第三纺织公司有三万七千纺锭、六百台布机，日产纱一百箱、布六百匹，经济上与南通关系密切。城郊纺织手工业极发达，仅织中机布之铁木机几达二万台，原料胥赖大生纱厂供给（过去大生棉纱约45%经通城九百六十余纱号售给织户）。张謇在南通所创之若干教育慈善事业，如南通学院、通州师范、女子师范、残废院、养老院、盲哑学校等，亦仰赖大生供给。"[1]

　　1949年2月2日，南通解放。摆在新政权面前最关键的任务，就是实现社会秩序的平稳过渡和经济活动的迅速恢复，其中的核心问题就是大生企业的复工。南通工人有1万多，连员工的家属在内就有几万人，不复工的话，他们的生活都无法维持。南通城当时有人口17万人，仅米的需求，每天就要一千数百担，如果南通城本身不生产，就无法获得农产品的供应。只有发展生产，别地的农产品才能源源运来交换。根据商人们反映，大生厂不复工，南通城的物价就不得稳定。因为南通市场原来的习惯，买卖均以纱计算，大生厂不

---

[1]《中共南通区地委关于南通市接管工作的报告》，南通市档案馆编：《南通解放》，中国文史出版社2017年版，第91-102页，原件见E101-111-1。

卖纱出来，商人也就有顾虑，不肯把东西卖出来，市面就不得繁荣。中共南通地委首任书记王野翔在4月19日南通市委会上所作报告中指出："解放初期整个工厂工作中一切问题的关键（也可能是南通市整个工作的关键）是工厂冒烟，而大生厂冒不冒烟，是南通的工商问题，是共产党能否接管城市的问题，大生厂复工了，华中币可以站住脚，人心稳定，秩序安宁。"[1]

南通解放前夕，中共地下组织从三个方面做好接管的准备，其重点是对大生企业的保护和接收工作。一边组织工人纠察队，发动工人进行护厂斗争，另一边向大生企业驻厂负责人分析形势，宣传政策，与此同时通过黄炎培、陈叔通、冷遹、孙晓村等人与大生企业的掌门人张敬礼接触。围绕着大生企业是否南迁，国共双方都对张敬礼展开说服工作。据张敬礼说："1948年冬到1949年春，我思想斗争很剧烈，到香港去做白华呢？坚持留沪做人呢？"[2]

一方面大生董事长洪兰友一再催促大生第一、第三纺织公司南迁。从1948年夏开始，大生企业通过在香港卖出纱布，套购大约380万元港币。后在广州设立南生行，行销广州地区欢迎的红魁纱和孔雀细布，南生行其实是附设在张邦俊经营纱布的字号"叶联钧"里的。大生三厂把4 000锭纱机运到台湾，大生一厂与三厂在台北合设一个办事处，也运了一些纱、布到台湾，还在台湾购买两处住宅，其中一处供洪兰友居住。

另一方面，张敬礼剖析自己"由于家庭和事业的关系，我

---

[1]《王野翔在市委会上关于当前南通职工运动的几个基本问题的报告》，南通市档案馆编：《南通解放》，中国文史出版社2017年版，第185—190页，原件见E101-111-5。

[2]《张敬礼书面反省》，F005-311-15。

从十八岁起到解放为止,一直遭受反动统治阶级和封建流氓的欺凌压迫,忍受了十几年的苦痛,我不甘心再跟他们下水。我知道我一走是对不起大生的,是对不起南通人的,我不愿葬送我和我子女的前途。在1948年冬天我在香港和李济深先生谈话,使我开始认识了毛主席和共产党的政策,和新中国的伟大前途,后来又经常和许多进步人士接触,这些进步的因素逐渐影响了我,使我选择了从新做人的道路"[1]。

结合张敬礼的人生履历,这段自述可信度极高,是张敬礼的肺腑之言。张敬礼出生于1911年,毕业于复旦大学土木工程系。张敬礼曾回忆1926年张謇临终前的情景:"我父张謇、堂兄怡祖(孝若)和我守在床前,叔父已口不能言,父亲握住他的手,连连地安慰他,大生及其他事业一定能搞下去,一定会有发展。"[2]此情此景,在年轻的张敬礼心中留下不可磨灭的印象。

1927年12月31日,江苏省政府发布第2830号训令,通缉张謇[3],次年张謇位于南通城和海门常乐的家产被封。张敬礼痛心又无奈,"旁徨再四,计无所出,惟综合数年来进行经过,泰半限于财力。今日欲争是非,则无此力量;欲求疏解,仍苦无钱"[4]。1928年5月30日晨,张敬礼与徐姮结婚,为了防止淞沪警备司令钱大钧抓捕张謇,婚礼几乎是在秘密状态下在上海大华饭店进行的。据张敬礼5月29日的日记:"晚宴,证婚人亦未敢下楼,十时,寄复来,闻已与坤宅

---

[1]《张敬礼书面反省》,F005-311-15。
[2]张敬礼:《大生纺织公司的变迁》,南通市对资改造史料编纂组编:《南通市资本主义工商业的社会主义改造》,东南大学出版社1992年版,第368-373页。
[3]《通缉南通土豪张謇》,《江苏省政府公报》,1928年第17期,1928年1月10日刊行。
[4]《张敬礼致吴寄尘函》,F005-311-7。此函形成于1928年。

商妥，即就今夜午进行婚事，以避免明朝之厄。一时布置就绪，知之者仅三数知己而已。二时许，新人车到，途次清净，毫无人声。三时行礼，仍以西式参以旧式，证婚人赵蜀琴先生，介绍人丁、吕二冰人，赞礼张作翁，男傧相为丁、吕二世兄，女傧则五姊及徐八小姐而已。四时许，礼成，客尽散，例行送房之礼。四时半寝，东方已鱼白矣。"[1]极少的来宾，慌乱的情绪，人生大事如此安排，固然迫不得已，但肯定没齿难忘。一直到1931年6月25日，国民政府取消对张謇的通

寄尘先生左右顷因知翁见示来示并送阅沪报连日所载知所事已至无可转圜之地步此痛心事未敢为家父言恐重伤老人之怀且又无补于事弟追念四计无所出惟综合数年来进行经过泰半限于财力今日故争是非则无此力量敢求疏解仍苦无钱此中情况早在意中

吕洞鉴之中求法律果能解决则请与銮嫂老弟商一最后办法此云此宽若每事疏解实无力为孤注一掷矣

公与家父此次四十年深交爱家父最切为家争点无不竭其诚也此次母本欲挺身呼籲请法理工争最後四日直奈家败诸主幼弱不令南行益最主与其与张权者抗拚牺牲而无济于事

无宁姑悛力争猶冀異日有後之一日也凡此苦兄想能谅察专此並嗔

道安

晚张敬礼拜啟

三月十八日

勋直兄雲悠乞為致乞及意

张敬礼致吴寄尘函

---

[1] 张敬礼：《养性室日记》，见卢康华整理：《蟬庐日记（外五种）》，凤凰出版社2016年版，第252页。

缉,并发还被封财产,令饬江苏省政府查照办理。[1]10月8日,江苏省政府第7223号训令民政厅,对于张謇的通缉,准予取缔,被封财产,除已处分或不能回复原状者外概发还。[2]经此劫难,张謇从此闭门不出。国民党掌权后,张謇家庭无论政治地位,还是经济情况,都一落千丈,张敬礼很难对国民党由衷地认同。

1935年11月,张敬礼分别被大生第一纺织公司和第三纺织公司临时股东会选为董事,12月被推举为总管理处产业组组长,开始实质性地进入大生核心管理层。1946年,张敬礼被选为大生第一纺织公司经理。解放前夕,中共党员孙晓村与张敬礼进行过推心置腹的交流,张敬礼表示:"对于国民党的统治,我早已失去信心,感到跟着他们走不会有好的出路。"[3]张敬礼"曾与几个工商界进步的朋友合顶了一宅公寓,做我们和进步的朋友秘密聚谈的地方"[4]。张敬礼回忆说:"洪兰友去香港,要我一道去. 我又拖延未去。我不去,我不签字,大生在香港的存货和订购的发电机、锅炉、印染机等就动不了。解放以后,大生能恢复生产,跟这一笔资金、锭子和棉花留在南通有一定关系。"[5]张敬礼选择留在大陆,使得保存在大生沪所的档案,特别是会计档案免于流失,大生档案基本完整地保留下来。

---

[1]《国民政府指令(第1737号)》,《国民政府公报》第809号,1931年6月29日。
[2]《免缉张謇并发还财产》,《江苏省政府公报》1931年第869期。
[3]张敬礼:《我的良师益友》,全国政协文史委编:《孙晓村纪念文集》,中国文史出版社1993年版,第185—188页。
[4]《张敬礼书面反省》,F005-311-15。
[5]张敬礼:《大生纺织公司的变迁》,南通市对资改造史料编纂组编:《南通市资本主义工商业的社会主义改造》,东南大学出版社1992年版,第368—373页。

1946年8月13日大生第一纺织公司员工欢迎经理张敬礼（前排左8）合影

1952年年底，大生第一、第三纺织公司即筹备在大生沪所原址上设立招待所，用于接待两公司及所属各厂职工，或与两公司有关的机关企业单位人员因公来沪休息住宿。最初的方案是，403、404、405室归第一、三公司各厂采购组办公及住宿用，401、402室作公共食堂及开会用，406室以北各室归招待所用。1953年1月12日，大生第一纺织公司致函下属的一、副、电厂《为通告上海招待所已开始办理招待由》。[1]

随着大生沪所的撤销，大生档案也启动了回归南通的步伐。大生档案保存了1953年9月编的《沪所文卷总目录》，是当年整理出的部分大生档案的目录，包括整字第1号至整字第20号，共计1 328宗。目录后面还有附注：

1. 整理前沪所文件，于1953年8月成立工作小组，即开始进行整理，一、三两公司均派员会同参加工作，至9月26日止，

---

[1]《为通告上海招待所已开始办理招待由（总53发字第14号）》，B403-111-673。

计工作三十天，全部文卷整理完成，共计整理文卷1 328宗（编有沪所文卷目录），重行分装12个大箱（编有卷箱目录）。

2. 此次整理中提出三公司文件全卷15宗352件，又于各项文卷中抽出关于三公司文件137件，另抄件32件，共计521件，编有三公司接收文卷清册和目录一式二份，一份交一公司存查，一份交三公司收执。

3. 三公司文件521件，当即点交严孝圣同志接收，装二箱携往三公司。

根据附注"重行分装12个大箱""一、三两公司均派员会同参加工作"推断，大生沪所所存的大生档案，应该在1953年8月之前，装入大箱从上海运到南通，在大生第一纺织公司进行初步分类整理，再重新装箱。附注提到有关大生第三公司的文件点交后，由严孝圣携回大生第三公司，如果是在上海整理的话，应该是第一公司和第三公司分别携回各自公司，才比较合理。

附注中涉及的"宗"，可以理解为大类、类别。如整字第1号为上海联合事务所（驻闸时期）所形成，时间为1952年3月至1952年10月，其中第9宗为一厂往来号讯，第10宗为三厂往来号讯，第11宗为副厂往来号讯，等等。每宗包含若干文件，如整字第20号为"废杂各件"，时间自1915年至1950年，其中第1宗送信回单簿就有36本。

这次整理，严格来讲只是完成了档案整理的前序工作，文件材料未被固定顺序，更谈不上成卷。但这是大生档案历史上的重要阶段，通过这次整理，完成了对作为大生档案主体的沪所文件材料的梳理，基本摸清这部分文件的家底，有了初步的目录，为后续的整理打下基础。

需要指出的是，这个目录没有涵盖从沪所运回材料的全部，1960年南京大学历史系师生到大生第一纺织公司整理档案，在1953年9月编的《沪所文卷总目录》后面，加入整字

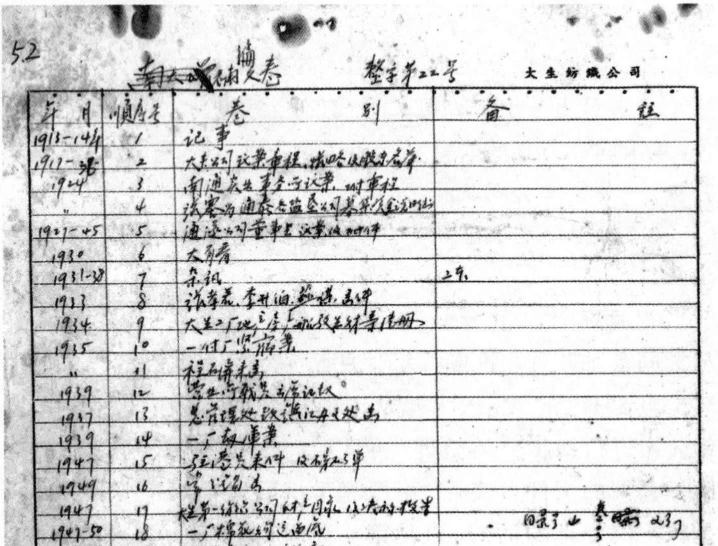

1960年南京大学历史系师生整理大生档案编制的整字第22号目录（1）

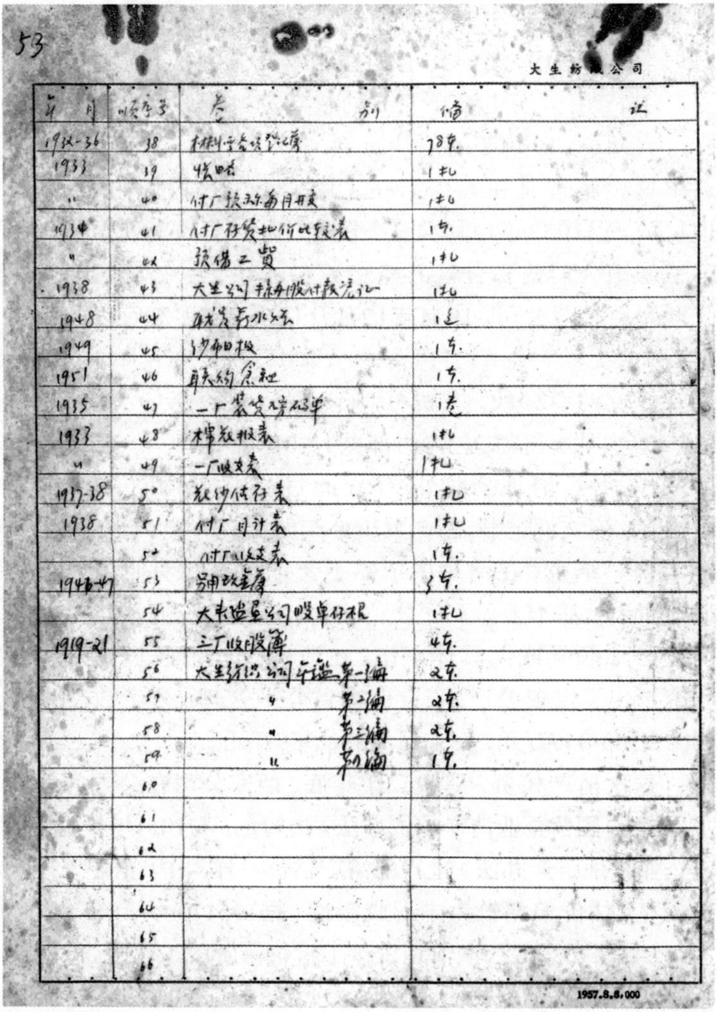

第三章 企业资产向社会记忆的转化

1960年南京大学历史系师生整理大生档案编制的整字第22号目录（2）

第21号（1909—1952年各项工作补选）和整字第22号（补编文卷）。其中整字第21号共编顺序号44号，计143本；整字第22号，共编顺序号59号，有的注明本数和扎数，有的没有标注。另外，南大历史系在原有的整字第20号中，续列第19编号，为1946—1949年的信件回单，共8本。

　　这次整理是在大生第一、第三纺织公司清产的背景下进行的。据1953年12月24日《中共南通市委关于大生第一、第三纺织公司公私合营的经验》，"大生第一、第三两纺织公司原系私营公司，1951年12月及1952年5月先后改为公私合营。大生第一纺织公司辖一厂、副厂、电厂三个单位，内一厂有纱锭81 720枚，布机600台；副厂有纱锭19 508枚，布机720台；电厂有发电机两部共12 000千瓦。"[1]公私合营后，大生各厂清理公股公产，在此过程中，利用了相关的大生档案。该文件记载说："关于公产的清理方面：已于今年上半年告一结束，在清理中依靠了老年职工和对照了残存的账册资料，基本上做到了公私分清，并吸收资方及其代理人一起参加领导或做具体工作，在清理过程中通过反复协商研究清出了很多公产，资方也感到公平合理。公产数字一公司为2 163 057万元，三公司为898 589万元。"[2]

　　这次清产核资，是1952年年底，两家公司在公方的领导下，按照《国营企业清产核资办法》进行的。与1951年根据《私营企业重估财产办法》进行的清产估价一样，由于企业资产状况复杂，估价偏差较大未形成定论。据1951年4月28日《大生第一、三公司公股公产清理工作小组第一阶段工作报告》[3]，

---

[1][2]《中共南通市委关于大生第一、第三纺织公司公私合营的经验》，E101-121-22。

[3]《大生第一、三公司公股公产清理工作小组第一阶段工作报告》，B403-111-518。

这一阶段的工作，共历时20天，着重查看历年有关的董事会记录及账略等材料，其实已经开始利用大生档案开展清理工作。1955年3月，大生第一、第三公司再次组成清产定股工作委员会，进行第三次清产估价，8月，各项数字最后核定并经董事会议决，报政府批准。

所谓"残存的账册资料"，其实是指大生第一、第三纺织公司会计档案而言。从现存的大生档案来看，大生第一、第三纺织公司本身保存的档案无多，抗战中损失的可能性较大。另外大生第一纺织公司存在官股，1930年江苏省政府财政厅"已将大生纱厂卷宗文件、账略提回，由厅保管"[1]，可见部分档案早年就有散失。

第二节　移交南通市档案馆

1958年，南京大学历史系和南通师专的学生到大生一厂协助编厂史，对从大生沪所运回的档案进行查阅。1960年夏天，南京大学历史系的师生到大生一厂整理这批档案。当时就职于南通市委革命史料编辑室的穆烜说："公安局为了工作需要，也派人参加了整理。曹从坡曾叫杨桐和我去过问此事，他说，唯恐那些学生情况不熟悉，人多，时间匆促，弄不好。我和杨桐去了一次，参加了他们的会议，研究如何着手整理。会议参加者，除杨桐和我外，还有一厂的洪国辉、公安局一科的科长钱某、公安局档案室的朱亚襄、南大历史系的助教丁金平（女）、南大学生某。会议决定了整理办法。

---

[1]《南通大生第一纺织公司民国十九年股东会议事录》，B402-111-25。

主要是由杨桐和他们商谈的。我只就档案分期问题提出了建议（按历史时期结合企业本身变化，分为四个时期），被他们接受。以后，即由南大学生开始整理，公安局的朱亚襄也参加。在过程中，杨桐又去过几次。"

上述穆烜的回忆，其实是在"文革"开始时，来自穆烜所写的有关宣传张謇的材料。1959年，市委决定成立以徐智为主任的南通市革命史料编辑委员会，下设革命史料编辑室，任务是收集和编写南通市在新民主主义革命时期和在社会主义革命、社会主义建设时期的历史资料，穆烜在革命史料编辑室工作。革命史料编辑室办公地在环城南路23号当时的南通市委院内，其工作与1959年3月设立的南通市档案馆工作有一定交叉，档案馆馆长杨桐也从事革命史料工作。大生企业是革命史料收集和编写的主要来源，穆烜关注大生档案，后来甚至参与入藏南通市档案馆的大生档案的整理，因此对于20世纪60年代初的大生档案情况比较熟悉。

1966年九十月间，穆烜根据要求逐个交代问题，在此基础上形成书面材料，所写材料只需就每个问题，交代时间、地点、具体情节。由于距离事情发生的时间比较近，穆烜又尽可能写得详细，因此这些材料有相当的可信性。2006年5月23日，笔者在西南营34号穆烜家中见到了这批"文革"后发还的材料。如果将其视作口述史料的话，这批材料是目前所能获得的有关20世纪60年代初，涉及大生档案、张謇研究的最翔实的当事人的回忆。6月2日，笔者再次走访穆烜，穆烜将1966年的有关材料捐赠给南通市档案馆，同时商定由笔者的同事朱慧根据穆烜的选择，将其中的部分材料，连同他与曹从坡、朱剑、徐新吾等人通信的信函，一并打印整理成《20世纪60年初南通张謇研究实况资料》，这项工作当年年底前完成。本书引用的穆烜的回忆及相关信函，除了另行说明者，均来源于《20世纪60年初南通

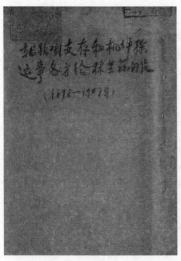

1960年7月南京大学历史系师生整理的档号为2-1-7的案卷封面

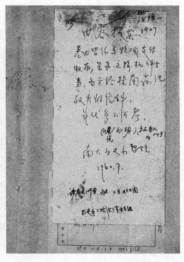

1960年7月南京大学历史系师生整理的档号为2-1-7的案卷内容提要，同页下面为1968年11月28日南通市公检法清档组的检查记录

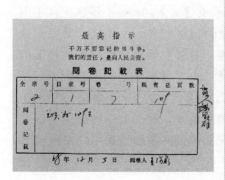

1968年12月3日，2-1-7案卷的阅卷记载表

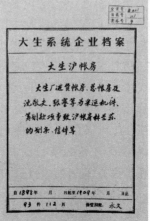

原档号为2-1-7的案卷，1989年2月重新整理，档号改为B401-111-9

第三章 企业资产向社会记忆的转化

张謇研究实况资料》。[1]

1982年12月,南通市档案馆编印过一本《大生集团档案目录》,是当时已经整理的馆藏大生档案目录。该目录的"说明"中,提及南京大学历史系师生整理的原则:

> 以大生资本集团的全部档案作为一个整体,下分若干全宗:大生总管理处、沪事务所为第一全宗,大生一厂为第二全宗,二、三、副、电厂分别为第三、四、五、六全宗,第十全宗为驻守大生资本集团各企业的反动军警、保安队的材料(现仅存第7目录号,即账册部分)。当时因人力、时间的限制,仅整理了第二全宗(即一厂部分,亦有一些涉及沪事务所、副厂、电厂等单位的材料),其他未及整理。

1960年南京大学师生对大生档案的整理,是真正意义上的大生档案的第一次系统整理,据1963年1月4日《穆烜给朱剑、江行、曹从坡的信》,"共立一千几百个卷"[2]。严学熙、倪友春《张謇研究的五个阶段》[3]中提到,南京大学历史系王绳祖、王栻和洪焕椿等教授带领一批青年教师和学生帮助南通市档案馆整理了3 000多卷大生系统的档案,这个说法有误。当时大生档案尚在大生一厂,未移交南通市档案馆。整理的档案数量也没有这么多,1982年年底保存于南通市档案馆的所有已整理的大生档案为2 617卷,其中南京大学师生整理的为1 203卷。南京大学参与整理大生档案的师生拟写案卷题名,编制档号,对每卷档案的内容做简要说明,有利于查阅者快捷地了解卷内内容,这个做法为20世纪80年代开始的第二次整理所继承。但这次整理最大的缺陷在于没有编制卷内目录,无法全面和系统地揭示档案内容。

---

[1][2] F070-311-10。

[3]严学熙、倪友春:《张謇研究的五个阶段》,《我与张謇研究》,苏州大学出版社2014年版,第7-13页。

1962年1月，江苏人民出版社副社长蔡暹和扬州师范学院历史系教师祁龙威、姚能等人到访南通，与时任南通市副市长曹从坡商谈。他们的目的，是建议扬州师范学院历史系师生利用假期时间，来通整理大生档案，编成资料，由江苏人民出版社出版。曹从坡对此表示赞成。这个提议最后没有得以落实，但促成《张謇日记》的出版和曹从坡《张謇的悲剧》的撰写，最重要的是推动了大生档案向南通市档案馆的集中。曹从坡提出，把大生档案集中到档案馆来。2006年12月7日，穆烜撰写的《20世纪60年初南通张謇研究实况资料》的《说明》中，特地回顾祁龙威的南通之行，认为"当年他在报纸上发表新闻，说扬州师院在南通发现了《张謇日记》，这引起了各有关方面的反感。但现在客观地看，祁等一行那次南通之行，对南通开展张謇研究，收集有关资料，出版《张謇日记》，特别是使大生档案向市档案馆集中，得以免遭'文革'的损失，是起了最初的推动作用的。与此相比，报道的不当只是一个小失误，当可谅解"。

1962年春，鉴于大生档案处于无专人管理状态，大生一厂又缺乏良好的保管条件，按照穆烜的说法，是"虽经初步整理，却无人管理，又无适宜处所置放，就装在皮箱里堆在地板上，易致霉烂，人家借用也无一定制度"。在曹从坡的主持下，存放在大生一厂的大生档案首先移交给市档案馆。时任南通市委秘书长的朱剑1962年3月10日给穆烜的信里提道："一厂的档案资料，已拟于最近几天运来市档案馆，公安部门调去的部分，老杨打算去看一下，也设法统一存于档案馆，以求一公司档案之完整性。"（老杨指杨桐）据穆烜回忆，"约在1962年三四月间，我还在南京时，存于一厂的大生档案由档案馆接收了，据说是用卡车装来的，堆了一间房子。一厂负责此事的，是洪国辉；档案馆负责此事的，是杨桐"。

1962年4月15日曹从坡给江行、朱剑和穆烜的信中，讲到

"存南京东路资料已洽，可来人运回"。所谓南京东路，指原大生沪所所在地，当时的南京东路480号。1962年的5月，暂存上海的剩余大生档案由大生一厂的党办秘书洪国辉从上海运往南通，直接入藏南通市档案馆。2006年7月，笔者在唐家闸新华二村洪国辉的家中，向洪国辉了解相关情况。洪国辉去上海属于出差，发生的费用报销后，原始凭证，包括船票、住宿费发票应该保存在会计档案中，而这些票据能够明确说明洪国辉来去上海的时间，也就是第二批从上海运回大生沪所档案的大致时间。之后笔者去大生集团档案室，想查阅1962年的会计档案，却被告知该年的会计凭证已经按照规定销毁，这条线索断了。让笔者意外的是，这些档案其实就保存在大生档案里。2003年，南通市纺织工业局的一批档案经整理后，归入大生档案中。这批档案大多涉及大生企业的股权和定息发放，形成时间一直到20世纪90年代。南通市纺织工业局组织《大生系统企业史》的编写工作，向大生一厂借款，支付编务工作中的差旅费、文具费、文件照相费、序言印刷费等，洪国辉上海之行就是在借款中报销的。

洪国辉的差旅费报销单上，车船费43.29元，住宿费8元，途中伙补6.1元，卧具费2元，麻绳0.96元，电话费0.5元。合计60.85元。5月17日晚，洪国辉住上海和平饭店，住宿费2元，5月18日开具的住宿发票。5月18日至21日住江苏省南通专署驻沪招待所，住宿费6元。5月25日晚上10点在大达码头乘坐轮船回南通。在报销凭证中，还有洪国辉手书的字条，可知上海之行，除了办理大生档案的接运，还请大生老职工沈彦如、徐润周、刘瑞尤、张爽清一起回南通，估计跟《大生系统企业史》编写组需要向这些老人了解情况有关，因为他们来回的船票都是在《大生系统企业史》业务经费中支出的。[1]

---

[1] B403-111-834。

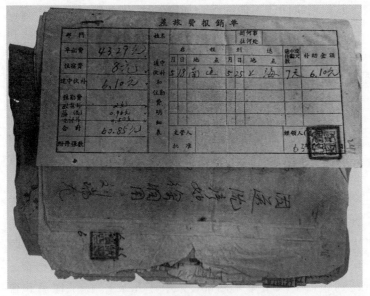

1962年洪国辉上海之行报销单

2006年7月,杨桐跟笔者讲述,在运回南通的大生档案中,发现一只中号皮箱,其中存有上海商业联合会的档案,内有蒋介石的亲笔信。经联系,杨桐坐船去将这部分档案移交上海市档案馆。

1962年两次档案进馆,奠定了大生档案的基本内容框架。从1963年1月4日穆烜给朱剑、江行、曹从坡的信,可以了解到大生档案的集中情况:"大生档案的集中工作已经基本完成,除上海和一厂的已于去春运来档案馆外,分散于公安局、三厂、财政局和房产公司的也已分别接收。现正开始整理。过去南大整理了一批,共立一千几百个卷,但比较乱,质量不高,如重行拆开来整理,则花人力太多,只好原卷不动。未整理部分,约八十皮箱,其中账册居半。文件如全部立卷,大约也近千卷。现在账册经逐箱清理,已排好次序;由于其作用我们还不能简单地加以估计,因此暂时全部保存,将来恐怕要请教专家,才能定其弃取。文件部分,已由我和曹钧二人开始整理。工作步骤包括鉴别、分类、排次、标题、立卷、装订,最后,要与南大整理的部分合并起来,重行编目上架。其显而易见,没有什么用的,则在整理过程中剔除,作为废纸处理。估计全部工程,可在半年内完成。以后条件许可时,我建议还是要设法添一部分木橱,使档案上架。皮箱则可作价出售,或另作他用。这样,既有利于档案之保管收藏,也便于使用。"

信中提到的曹钧,毕业于北京大学历史系,原在宁夏做教师,大约在1962年的9月,通过曹从坡调到南通,专门做大生史料工作。曹钧除了一起参加整理大生档案外,也出去收集档案资料。他到房产公司取来一些通海实业公司的档案,还到顾怡生家里拿来两部《张季子九录》。除了穆烜和曹钧,李纬君也参与大生档案的立卷工作,现存的大生档案里还保存着他们署名的备考表,个别档案还存有他们编制的卷内目录。

据穆烜1966年9月的回忆,"约在去年底和今年初之间,档案馆为了备战,清理档案,并需要库房用。馆长成希同志曾问我:大生档案怎么处理?于是我去问曹从坡。曹从坡说:还是放到图书馆去"。之后由曹钧负责将大生档案由南通市档案馆移存南通市图书馆。其实早在1962年12月,有位负责人就准备调穆烜去图书馆工作,认为"革命史料编辑室,怎么搞大生史料的?""把这些档案放在市委档案馆里,不像句话"。

《南通市志》记载:1966年10月下旬,南通市档案馆"馆藏档案被迫全部转移至驻军营房保管,直至1969年10月取回(其中大生企业档案资料转移至南通图书馆,1972年取回)"[1]。

2019年12月18日,曾担任南通市委副书记,离休后出任张謇研究中心干事会会长的李明勋接受笔者的采访。当时他在南通康复医院挂水,躺在病床上跟笔者聊了半个小时。李明勋回忆,1966年秋,大致是10月,南通市委担心"造反派"冲击市委机关,抢夺档案,决定把档案转移到位于海门的四甲部队。这项工作由行政秘书汪永传负责联络,并要求他严格保密。根据汪永传的个人档案,他1951年8月考入南通市税务局,1962年9月在南通市工商局任秘书,1963年7月至1967年2月任中共南通市委办公室秘书。市委靠近濠河,市委食堂出来就有水踏子,可以方便地把档案装运到船上。当年担任南通市委副秘书长的李明勋清晰地记得,那个夜晚月亮很圆,子夜时分路上没有行人,一切都在有序中进行。后来为了工作需要,汪永传还去四甲部队查阅一些工作中需要的文件,部队的同志怕由此把"造反派"引过来,还颇有微词。

至于大生档案是否在这次档案转移中运到四甲部队保管,李明勋持肯定的态度。由此带来的问题是,如果大生档案一同运去四甲部队,大生档案是在哪里装船的?李明勋回忆是在市委装船的。这就意味着大生档案搬运到图书馆后,不久又搬回档案馆,不长的时间里来回搬运的原因是什么呢?如果船在图书馆附近的濠河边停留一下,把大生档案一起运走,李明勋不至于毫无印象。

走访李明勋7天之后的2019年12月25日,笔者特地带着这个疑惑走访住在银花苑的穆烜,穆烜表示那个时候他已经"靠边站",不清楚具体情形。

在本书审稿过程中,南通市江海文化研究会的尤世玮专

---

[1] 南通市地方志编纂委员会编:《南通市志(下)》,上海社会科学院出版社2000年版,第2 349页。

门就这个问题在2021年10月28日询问了李明勋。李明勋认为是一起运去的。至于当时已整理和未整理的大生档案，加起来有上百个皮箱，一条船能否装得下，李明勋回忆说，当时转移的市委档案数量并不多，但一艘大水泥船装满了。

这是大生档案迁徙史中，唯一一个没有彻底搞清楚的问题，由于档案转移是在秘密状态下进行的，知情者极少，具体操办者汪永传已经去世，当年又不可能留下文字记录，所以很有可能成为一个悬案。而大生档案什么时候回归南通市档案馆，也有待考证，因为南通市档案馆是1978年8月才恢复的。

据南通市档案馆1982年12月的《大生集团档案目录》介绍：目录号0、6、7三部分的档案系"文革"后期整理，目录号6、7两部分所收为大生企业董事会、盐垦公司等单位的材料，当时并入第二全宗，实际上破坏了60年代初所拟定的体例；0号目录的"0"，实为"临"的误字，这部分所收多为信底杂件，当时作"临时保管"处理的，后来的整理者发现其中有不少有价值的材料，遂改"临"为"0"，并将这部分移至卷首。大生档案在动乱岁月里，竟然还能有机会得以进一步的整理，实在是匪夷所思，真是苍天有眼。20世纪80年代初，南通市档案馆启动第三次大生档案的整理，这也是大生档案全面对外开放之前最后一次系统整理。

第三节　研究利用的开端

利用大生档案进行学术研究，早在20世纪50年代末就已展开，早期的代表作就是《大生一厂工人斗争史》和《大生系统企业史》，在书稿写作过程中，编写人员参阅了大量的大生档案,是大生档案服务于历史研究的早期见证。

现存的《大生一厂工人斗争史》(初稿)封面,标注该书为大生一厂厂史编辑室、中共南通市委革命史料编辑室和南通市文联厂史工作组集体编著。在目录前,有一段文字,类似编辑说明:"这是初稿,印出来,系专供审阅、核实和征求意见用。请妥为保存,不要外传,不要转载或引用。欢迎同志们对本书提出意见,来信请寄中共南通市委革命史料编辑室。"

编者写的后记简略介绍了成书的过程:"大生一厂的工人史写作活动,开始于1958年下半年。当时,曾经发动工人,大家回忆,大写工人史;并曾举办过厂史展览会。有几个学校的一部分学生,以及其他方面的某些同志,也曾参加过这项活动。1960年6月,成立了厂史编辑室,组织了专门力量,在前一时期群众运动的基础上,重新定题,收集材料,开始编写本书。1961年5月,完成了初稿。现在把初稿印出来,以征求同志们的意见。"落款时间为1961年5月15日。

全书分《引言》《状元办厂》《农民变成工人》《苦难的生活》《苦工十三年》《工人斗争的萌芽》《惩治恶工头》《小洋改大洋》《党,到大生工人中间来了》《罢工委员会在活动》《怒打徐海洋》《三月大罢工》《分红斗争》《工人农民是一家》《大生工人的好兄弟——顾臣贤》《大闹公安局》《五月的怒潮》《坚持着斗争怀念着党》《抗日救亡的歌声》《膏药旗下的灾难》《党,回来了》《走上民族解放的战场》《"东洋曲"和"跑上海"》《年关大罢工》《"二十五路军"》《"大家都是代表"》《反饥饿斗争》《"五十周年"》《天亮了》《翻天覆地的大变化》等30章。从穆烜1966年11月21日写的《〈大生一厂工人斗争史〉中关于张謇的叙述》可知,《状元办厂》这一章节中,涉及张謇看地的部分是金鑫写的,接下去介绍张謇其人,及其办厂经过,主要是穆烜执笔的。至于其他章节的具体写作者，穆烜没有提及。

《大生一厂工人斗争史》初稿的资料来源于两个方面，一方面是大生一厂工人的口述，另外就是大生档案。该书稿讲述的时间跨度，为大生纱厂拟办到中华人民共和国成立初期。编写组研读大生档案，每个历史阶段都有相关的历史背景的介绍，如大生纱厂的创办经过、规章、生产经营情况，还如华商纱厂联合会1933年的减工决定，日军占领南通后特务机关长德本向大生方面提出的大生各厂复工的四项条件等等，显然来源于大生档案。为了增强书稿的可信度，编写者甚至在一些章节直接引用档案原文，如第17章《五月的怒潮》叙述1933年大生一厂工人大罢工时，摘录了5月1日至12日之间大生一厂经理李升伯的9封信。编写组是这样评述这些来源于大生档案的原始文献的："编史者从大生一厂的档案中，看到了李升伯当时写给在上海的董事长张孝若和董事吴寄尘等的密信。……编史者认为，以这些第一手的资料，来代替编史者的转述，是更能令人信服，更具有教育意义的。"

在第20章《膏药旗下的灾难》中，编写者多次引用大生档案中的《军管理始末纪要》，揭露日寇对大生一厂的掠夺和破坏。例如：（1943年）7月3日，钟渊续将一厂炉子间及电气间各种用具（装箱）、弹盘二十四只、铣铁全部（存账二万一千一百二十一磅）、马达一只，以军纳品运送军部。

《大生一厂工人斗争史》中的口述，从现在来看，弥补了档案记载的空白，如老工人胡巧林回忆大生纱厂早年招收工人时的情景：

考工的手续，一般是首先要让"先生"看一看外相（连麻脸儿的也不要），然后再量一下身材（童工要满二尺五寸），还要问你姓什么、叫什么、属什么、家住在哪里、家里几个人。目的在于试一试你的口齿。接着，先生指着离你二丈远的一块墙上的墨笔写的"大生纱厂""机器""棉条"之类的字样让你认,识字的就读出声来,不识字的就数笔划,这是考的目力。另外,不识字的还要加考识不识数和识不识数目字。如果先生认为合格了,就会给你一张木刻水印的条子,告诉你几时几日来上工,凭条换取记工手折,和一块轧有工号的圆形白铁牌。一旦拿到手折和白铁工牌,你就成了大生纱厂的工人了。

上述生动形象的口述,带有极强的画面感,而且不见于任何文字记载中,是对大生一厂厂史的重要补充。《大生一厂工人斗争史》中有不少这样的口述,这是当时的编写者所做的一次口述历史的抢救,如果能留下记录稿的话,价值更大。

1962年,上海人民出版社有出版《大生一厂工人斗争史》的意向,年底派人来南通,要求对该书继续修改,使其能够反映工人运动从低级到高级发展的规律性。南通方面感觉,根据大生一厂工人斗争的史实和该书以写故事为主的特点,很难达到要求。与此同时,江苏人民出版社了解到上海方面的情况后,主动与南通方面联系,建议交给他们出版,作为一般的阶级教育教材处理。但最终都没有结果,《大生一厂工人斗争史》一直处于稿本阶段。

1990年由江苏古籍出版社出版的《大生系统企业史》,开始编写于1959年,当时称作《大生资本集团史》,是由中央工商行政管理局布置开展的。这是系统研究张謇及其创办的大生企业历史的经典著作,至今尚未有同类作品超越,是张謇及大生企业研究者的必备参考书。

中央工商行政管理局设置于1954年,为国务院直属机构。在对资本主义工商业进行社会主义改造基本完成后,中央工商行政管理局制定了资本主义工商业社会主义改造研究规划,其中棉纺行业史料整理研究涉及大生、申新、裕大华、华新等企业。写于1961年1月21日的《大生资本集团史初稿编者说明》提及："这一工作,得到了江苏省纺织工业厅和南通市纺织工业局等有关单位的领导和支持;由大生各厂(一、副、三厂)抽调干部,成立史料工作组,在大生一厂党委的统一领导下,进行工作。上海工商行政管理局曾派出干部协助工作。"

穆烜1966年9月20日回忆,中央工商行政管理局把大生企业历史的编写任务交给上海市工商行政管理局。上海市工商行政管理局又把这项任务委托给南通市纺织工业局。上海市工商行政管理局负责这项工作的科长徐新吾来通商洽。南通市纺织工业局从大生一厂、副厂、三厂各抽调了一个人,集中在一厂,进行编写。一厂的陈嘉鑫中途停止工作。后来实际编写人员是二人:黄稚松,副厂的,大生旧职员;张遂吾,三厂的,是张謇的孙子。

《大生资本集团史(初稿)》封面

《大生资本集团史(二稿上册)》封面

初稿于1961年年初完成，养病中的南通市原市长邹强接受审阅和主持修订的任务，之后与黄稚松、张遂吾和管霞起，一同查阅大生档案，于1963年夏完成二稿。现在我们能够看到的是二稿的手抄稿正本，该正本曾送上海市工商行政管理局并转中华书局审阅，1964年中华书局将原稿退回，并提了一些修改意见。"文革"时期，正本保存在南通市档案馆。1979年市委宣传部将正本借出，油印50本。而邹强手上的二稿底稿，则被"造反派"抄去，不知下落。[1]1980年，新的编写组成立，1986年6月完成三稿，1990年11月由江苏古籍出版社出版。

二稿的编写说明的第6条指出："本书资料多辑自大生企业档案、张謇著作及南通地方文献。为便利审阅，特详注出处（其中个别资料因在编写时大生档案同时在整理中，无法查到原件所在，出处暂付阙如）。"[2]《大生系统企业史》的特点就是资料详尽，这与编写者充分参阅大生档案密不可分。穆烜在1966年10月18日的回忆中提及："在《大生资本集团史》编写过程中，我做了一些具体工作。这主要有两方面。一方面是提供资料。资料主要是使用档案馆所藏大生档案，根据邹强和编写人员的要求，由我和曹钧查找。有的是他们指定要什么档案，有的是提出要求，由我们找。收、送档案资料的工作主要是曹钧和李纬君做的。"20世纪90年代大生档案零散件整理完成后，将原来南京大学历史系整理的编有档号的案卷与后来整理的案卷，一并划分全宗，重新排列，编写档号。但没有编制新旧档号对照表，因此《大生系统企业史》这类引用大生档案内容，参考文献标注旧档号的著作，研究者很难进行档案内容的溯源。

---

[1] 穆烜：《大生系统企业史后记（征求意见稿）》，B403-111-635。
[2] B403-111-636。

《大生系统企业史》参考了大量的大生档案,资料扎实,说服力很强。编写人员还走访了许多大生企业的老职工,采纳了一些口述史料。根据大生档案记载,1962年8月29日"黄稚松报至上海调查访问资料",1962年10月5日"管霞起南通港、天生港、唐闸访问",1963年4月2日"李纬君报到唐家闸访问史料",这里的时间是费用报销的日期。[1]口述史料能够弥补档案的不足,但由于口述者记忆力、主观认识等原因,口述史料往往与客观发生的史实之间相去甚远,甚至风马牛不相及。

《大生系统企业史》根据徐润周1962年回忆,认为"1897年冬,筹建中的大生纱厂在上海福州路广丰银行内附设帐房。1898年迁设小东门,1901年迁天主堂街外马路"[2],就是一个明显的错误。这里提到的广丰银行,实为广丰洋行,而附设帐房,其实是指大生纱厂最早的驻沪办事机构,即大生公所。徐润周,号近楼,籍贯镇江,据徐润周在大生纺织公司的人事记录,徐润周是"民国八年九月"进厂的,即1919年由曹秉仁介绍到大生纱厂工作,先后担任助员、内账、文书、文书科长、机要秘书、经理室秘书,1950年7月担任大生沪所主任。[3]1962年徐润周口述时,距离大生公所设立已经过了60多年,即使是亲历者也难免记忆模糊,何况徐润周不是大生公所的当事人。

根据《通州兴办实业章程》和大生沪所的会计档案,可以清楚地得出大生公所1896年年初成立的结论,也可知大生公所在1897年秋天迁入天主堂街,并改名大生沪帐房。由

---

[1] B403-111-834。

[2]《大生系统企业史》编写组:《大生系统企业史》,江苏古籍出版社1990年版,第122页。

[3]《大生纺织公司人事记录(徐润周)》,B403-111-637。

于《大生系统企业史》的影响力，几乎所有研究大生沪所历史的学者，都引用徐润周的口述，甚至在相关研究成果已经面世的情况下，2021年版的《张謇辞典》依旧沿用旧说，算是一件遗憾的事情。

关于大达内河轮船公司最后结束的时间，《大生系统企业史》叙述为："抗战胜利后，将所有三四只小轮船与镇江的镇通、镇泰两家小轮公司联合经营，不久即正式宣告结束。"依据是"据1962年访问主持该公司清理工作的老职员邱配言笔录"。[1]大生档案保存的1951年9月18日董事会的记录[2]，清晰地表明大达内河轮船公司一直勉力经营到中华人民共和国成立后。

笔者曾去镇江市档案馆查阅大达内河轮船公司的档案，收获颇丰。其中1951年12月27日，经理蒋志云致镇江市人民政府工商局《为办理企业登记应具送之文件》的函件中，提及大达内河轮船公司"1945年4月在上海召开股东会议，决定结束，多数股东均已向清理处领回股款。迨胜利后，敝公司收回被敌伪强占之达汕轮船，复于同年十二月召开股东会议，决定终止清理，以达汕轮估值为股本，并由旧股东认购新股，移总公司于镇江继续经营"。1956年，镇江市18个私营轮船公司共69只船舶，并入公营的中华旅运社，参加公私合营，大达内河轮船公司走进历史。

由此可见，即使是当事人，其口述也未必正确，应当把口述史料与档案结合起来整体考察。在没有其他史料的情况下，作为孤证的口述史料，使用时宜持审慎的态度。

---

[1]《大生系统企业史》，第66页。
[2] B411-111-16。

第四节 《张謇日记》的出版

1962年5月,江苏人民出版社影印出版《张謇日记》,包括张謇日记的第十册、第十五册至第二十八册,这是中华人民共和国成立后,首次出版张謇史料,是20世纪60年代初在相对宽松的氛围下,学术界对张謇的研究初步兴起的一个标志。《张謇日记》的出版,对于张謇史料的积累和传播,都有着重要的意义,也为张謇乃至中国近代史研究者提供了一手的素材。

《张謇日记》能在1962年出版,在1960年的时候是无法想象的事情。1960年,南通组织了一次批判张謇反动思想的运动,主要集中在文教卫生系统,为时不久便偃旗息鼓。

1962年,一度恢复对张謇的研究。这年,市委第二书记钱岗在政协常委扩大会上说:张謇问题是一个学术问题,要通过学术讨论来解决,作为政治问题批判是错误的。

前文提到1962年1月,蔡暹、祁龙威等人到访南通。穆烜是这样描述与蔡暹等人的初次接触的:

1962年1月,我去南京参加省文联会议,回来时,已近春节。到机关,即听说蔡暹来了。蔡等一行,共四人:蔡暹、李某(二人均为江苏人民出版社副社长)、祁龙威(扬州师范学院历史系讲师)、姚能(女,扬州师范学院历史系主任)。我回市的第二天下午,蔡等四人由曹从坡陪同,来我办公室,看张謇日记,我即取出,让他们翻阅了片刻。祁龙威看了辛亥的部分,指出几条认为很有史料价值。他当时就建议蔡暹出版日记,并说,可加以整理、笺注,就更有史料价值。蔡暹说,等回去请示、研究后再联系。曹从坡表示,等他们回去研究后,听他们意见再决定,并表示,愿意向学术界提供这份资料。

此后,江苏人民出版社文教编辑室一位主任,专程为出版《张謇日记》事宜赶到南通。曹从坡派穆烜到南京去,研究出版问题。出版社方面说社里有招待所,食宿都无问题。对于具体的出版方式,当时有两种考虑:一种是影印,一种是整理后铅印,出版社趋向于影印,因为影印来得快,还可保持原样。

根据曹从坡的要求,穆烜请市委的木匠做了一只木箱子,将张謇日记放入其中。那时从南通到南京旅途不便,穆烜选择的路线是从南通乘坐班车到扬州,转汽渡到江阴,再坐汽车到南京。根据穆烜跟笔者的讲述,此行独自一人,如遇不测,别人也不一定知道箱子里的东西该转交给谁,所以在箱子上写上"南通市档案馆"几个字。穆烜当时的职务是南通市革命史料编辑室副主任,他跟笔者解释,箱子上如果写南通市革命史料编辑委员会,怕别人不懂,而写上档案馆的话,相对懂的人多点。

元宵节后,穆烜就带着日记到南京去了。一路颠簸,抵达南京时,已是傍晚,径去出版社。蔡暹将穆烜安排住在招待所,并对其他人说:"这位同志带了宝贝来了。"

第二天上午,穆烜携带日记去出版社社长室,蔡暹告诉穆烜:"已请示省委宣传部,决定影印。影印来得快,省人力,可以保持原样,反正是供专家看的,不须整理注解,当前学术界正在讨论张謇,早出可赶上需要。"

根据出版社和穆烜的约定,《张謇日记》还是由穆烜保管,出版社方面拍摄的话,相关人员办理交接手续。穆烜向出版社借了一把锁,把木箱子锁起来。由于住的招待所是集体宿舍,门又不好锁,因此他把箱子放在枕边,颇为小心,不大敢离开。

《张謇日记》的责任编辑是文教编辑室的缪咏禾,随后几天,缪咏禾到招待所穆烜的住处,给日记点页码,在每页上编号，并测量每一册的尺寸，做拍摄前的准备工作。印刷厂方面由于缺少拍摄用的玻璃，需要将用过的玻璃用氨水洗净才能使用，因此等了若干天，穆烜经常向出版社方面催。拍摄开始后，穆烜按进展将日记逐册交缪咏禾。拍摄过程中，玻璃不够周转，以至停工待料。穆烜还与王敏之联系，从南通运去一箱玻璃，加上出版社又从别处想办法，解决了这个难题。穆烜在南京大约住了50天，待拍摄工序完成后，将日记原稿装订好，于4月中旬回通。

后面有一个小插曲挺有意思，穆烜的回忆是这样的："在印刷过程中，缪咏禾发现漏摄一页。他来信说，这是他工作中的疏忽。为免得再将原稿送去，他附寄了玻璃纸来，要我将那一张复制一页寄去摄影。于是我请叶仲臙去写，当时他在图书馆协助整理古籍。写好后发出。"

后来缪咏禾给穆烜寄来样书一册，吩咐逐页校对。穆烜校对无讹，写信告诉缪咏禾。下半年出版社寄来20本《张謇日记》，其中5本是宣纸本。根据曹从坡的意见，分发给南通的档案馆、图书馆、博物馆、政协、通中、通师及张謇后人。

对于《张謇日记》的出版，南通市委是积极推动的，认

1962年穆烜在江苏人民出版社 （祁龙威/摄）

为《张謇日记》不仅仅属于个人，也不仅仅属于南通一地，而是社会的宝贵财富。出版《张謇日记》，是为了更好地保护原件，也有益于社会各界的利用。这种气度和雅量，即使放在今天，也会让人推崇。这可以从时任南通市委秘书长的朱剑1962年3月10日给穆烜的信里感受到。这封信是穆烜就祁龙威急于开展研究，欲先行一步自行拍摄一事，写信向朱剑请示，朱剑的回信是这样的：

穆烜同志：

　　来函均悉。其内容已择要告市委诸同志。

　　看来，《张謇日记》之发现和付印，是学术研究上具有意义的一件事。我们花点时间于此，是很值得的。对这一资料的保管，我看，一方面，"如获至宝"，切忌散失或损坏；另一方面，还应给确实需要使用的单位或个人以方便。它是祖国的历史遗产之一，不能有或者使人误解为：它成了一个市的或者某个个人的私物。你以为如何？

　　从坡同志仍在上海，大约到十三四日告一段落，可能去崇明一趟，别地不去了。搜集张謇函电稿事，他已搞到一部分，在他表兄处无所获。关于写序的问题，待他回通后再作研究。

　　一厂的档案资料，已拟于最近几天运来市档案馆，公安部门调去的部分，老杨打算去看一下，也设法统一存于档案馆，以求一公司档案之完整性。

　　你如有暇，能否做这一工作，即将当前全国范围内讨论张謇问题的简况，几种不同意见在论争，各持观点若何，拟一较详细的简报，给地委、市委负责同志参考，也可待从坡同志回通后，考虑在南通的学术界相机展开讨论。是否可行，请你决定。

　　成修同志因在直肠内发现肿瘤，已去沪检查。顺告。

　　祝你春安

弟　朱剑

三月十日

由这封信还可以了解到，南通市委关注学术界对张謇的研讨情况，曹从坡不断地探寻张謇函稿的下落。事实上，曹从坡有着更大的计划。1962年4月20日曹从坡在上海给穆烜写的信里提到，他在上海向上海经济研究所副所长黄逸峰请教企业档案整理事宜，至于大生档案，除了借助扬州和上海的力量整理出版外，"如果南通竟无几个人研究，以至竟不能熟悉这些史料，也是极大缺陷。有这些史料为条件，是可以培养学术上的力量的"。

曹从坡5月初从上海回来，黄逸峰与上海历史研究所副所长徐崙同来。曹从坡组织了一个讨论整理大生史料工作的会议，在南通医学院附属医院邹强病房中召开。参加者还有南通地委宣传部部长张旭和穆烜、杨桐。

曹从坡介绍了大生档案的情况，并谈了过去在这方面有过哪些活动，做了哪些工作（如《大生一厂工人斗争史》《大生资本集团史》《张謇日记》及南大师生整理的档案等）。杨桐汇报了档案的情况。

在听取有关大生档案情况，以及围绕大生档案所做的整理和研究工作之后，黄逸峰发言说，他们到南通来的目的，就是来推动这方面的工作。他谈了大生和张謇的特点，研究大生这个典型企业和张謇这个典型人物，对于探索民族资本主义经济发展的规律，从而对认识中国旧社会，都有意义。他介绍上海方面的经验，认为首先要把档案整理好，然后看档案，选材料，汇编成资料性的书籍，陆续出版供研究参考用。他认为人不须多，要少而精，三五人即可；要花较长时间（两三年），分阶段进行。

邹强谈到，要吸收一些闲散人员，如长期休养的干部，参加这项工作。曹从坡说政协和文化部门也要配合，收集和提供这方面的资料。徐崙对张謇信稿很感兴趣，建议整理出版，认为也可列入计划。

曹从坡提出,可以革命史料编辑室为基础,成立编辑室,把穆烜算一个,杨桐兼顾一下。会后根据曹从坡的要求,穆烜起草了《整理大生史料工作的计划》,经朱剑审阅,曹从坡批准签字,由市委办公室印发。根据曹从坡所开名单,交收发室发出。分发对象是:地委、市委负责同志,地委、市委宣传部,省委宣传部、统战部、市委统战部、政协、文化科,江苏人民出版社,黄逸峰、徐崙、吴天石等。

《整理大生史料工作的计划》主要内容有:研究工作先从整理档案入手。先集中和收集档案,由档案馆负责。然后对档案进行整理。最后根据档案,汇编成资料性的书籍出版,以供学术研究参考用。对有关张謇的资料要进行收集。张謇的信稿也可于整理后出版。要建立一个领导小组,下面设一个编辑室,专职人员要少而精。时间上做3年左右打算。通过这项工作,培养熟悉这方面情况和业务的人才。要各方面配合,政协文史资料研究委员会也要收集有关大生和张謇的资料,图书馆也要加强地方文献的工作,提供这方面的资料。

这个计划之后没有得以全面实现,只是在大生档案的收集和整理上取得一定进展,但在1962年,就大生档案能有这样一个系统的规划,实在是有远见的。

第五节 章开沅的南通之行

1962年,武汉华中师范学院讲师章开沅给穆烜写了一封信,说准备来通访问,为写《张謇传》收集资料。章开沅给穆烜写信,应该是1962年年初的事情。因为穆烜根据市委领导的要求,曾经整理《当前学术界关于张謇评价问题的讨论情况》，后来在1962年3月17日以中共南通市委办公室的名义，印发给各领导同志和有关同志参考。里面提道："武汉华中师范学院章开沅拟于5月间写一论张謇的文章，还有写《张謇传》的打算，并计划来南通访问。"

章开沅是从上海人民出版社那里获得穆烜的通讯方式的。1961年该社编辑吴慈生为接洽《大生一厂工人斗争史》出版问题，曾来南通，并借去《大生资本集团史（初稿）》稿本。因为上海人民出版社约请章开沅撰写《张謇传》，所以把《大生资本集团史》转借给章开沅，同时告知来源。穆烜向曹从坡汇报后，复信表示欢迎。章开沅9月底来到南通，成就了名著《开拓者的足迹——张謇传稿》的问世，也使章开沅与南通结下一世情缘。

章开沅（1926—2021），祖籍浙江吴兴，生于安徽芜湖，1946年10月入学金陵大学历史系，后于该校肄业。1948年12月赴中原解放区，在中原大学政治研究室革命史组当研究员。1949年7月随校南下武汉，隶属该校新创办的教育学院历史系。1951年秋中原大学与华中大学合并，两年之后正式改名华中师范学院，章开沅在历史系任教。

1961年开始，章开沅对张謇这个历史人物产生兴趣。这年10月，辛亥革命50周年学术讨论会在武昌举行，上海历史研究所副所长徐崙在会上提交的论文《张謇在辛亥革命中的政治活动》，引起十分强烈的反响。原因一是徐崙引用较多原始文献，特别是当时还不为人熟知的赵凤昌藏札；二是其结论"张謇在经济上是民族资产阶级上层，在政治上是反革命的助手"引发争议。尽管章开沅对此结论不尽同意，但被张謇这个人物的复杂性及其史料的异常丰富所吸引。

对于人物个案的研究，最早的提议来自历史学家唐长孺。据周国林的纪念文章《高贵的学者 和蔼的老人》，2011年7月上旬，中国唐史学会在武汉大学召开第11届年会，主题之一是纪念唐长孺百年诞辰。开幕式上,章开沅做了很动情的长篇发言,其中提到1956年请唐长孺到华中师范学院给青年教员传授研究方法之事。章开沅说:"唐先生讲什么我不记得了,但是唐先生私下跟我讲的一条经验我是记住了。我问他像我这个情况,大学本科都没有读完,我怎么做科学研究呢?他很实事求是,他说这也没有什么神秘的,他说你最好开始做点人物研究。你找一个人,把他的资料系统地找全,再看看国内国外有多少人研究,既有的一些研究成果。你找一个人,去做人物研究。他说这个对你的锻炼很全面,因为你刚开始的时候什么都没有。你做一个人物之后呢,可能你就有点信心了。"章开沅把自己的心血之作《开拓者的足迹——张謇传稿》同唐先生的指点联系起来,告诉与会者"回想起来,大家可能还不知道这样一个秘密,最早的提议还是出自唐长孺先生"。陪同章开沅一起去会场的高国林深切地感受到,章开沅真是一位重情重义的学者。

徐崙的论文,让正在研究辛亥革命时期中国资产阶级的章开沅萌发研究张謇的想法。由于感觉自己并没有具备从宏观上研究中国资产阶级的基本条件,章开沅认为必须先从企业和企业主的个案着手,然后再逐步扩大自己研究的广度和深度。研究张謇,也有着章开沅家庭背景的原因。章开沅的曾祖父章维藩(字干臣),1876年投效左宗棠西征大营,转战新疆南北两路,西征结束后历任安徽抚署文案、牙厘局提调、无为州知州、怀宁县知县等职。后来在宣城任内,因不满上级对教案的肇事民众处分过重而辞职。甲午战争之后章维藩投身实业,1896年在芜湖创办的益新面粉公司开业,民国初年成立宝兴铁矿公司,以新法开采安徽当涂凹山铁矿,矿石主要外销日本八幡制铁所。章维藩的人生经历,与张謇有类似之处,这激发了章开沅研究张謇的兴味,也有助于对张謇的理解。

2013年是张謇先生诞辰160周年,《江海晚报》与江苏大生集团联合举办"追梦——寻访张謇足迹"大型新闻采访活动,笔者有幸作为点评专家应邀同行。7月3日,采访组按照约定来到华中师范大学章开沅的办公室,章先生见到来自南通的客人,兴致勃勃地讲述他与张謇研究结缘的故事。章先生是从上海乘轮船前往南通的,当时国家经济情况刚刚好转,好些地方粮食供应仍然很差,大哥怕他旅途挨饿,还把家里节省的两斤白面连夜做成大饼让他带上。船过崇明时,海上风浪大作,章先生第一次看到黄海,看到吴淞、崇明,看到长江入海处这一大片土地。章先生感慨说:这不就是张謇曾经长期开发与经营过的热土吗?

　　章开沅持有湖北省哲学社会科学学会给南通市委革命史料编辑室,以及给南通市政协的介绍信,带着兴奋的心情踏上南通的土地。淳朴的南通人热情地接待这位年轻学者,章开沅带着的两斤白面大饼几无用武之地。章开沅结识的第一个南通人是穆烜。2021年6月10日,笔者通过电话向穆烜了解相关情况,穆烜告诉笔者当年见到章开沅的印象:他是很朴素和老实的一个人,平头,穿着布的中山装,裤子上还打了一个小小的补丁。通过穆烜,章开沅结识了曹从坡。

　　据穆烜回忆,他提供给章开沅的材料有"张謇信稿十二册,张柔武所藏信函四册,翁同龢致张謇手书影印本,张謇致吴彦复函照片,以及其他图书资料,余觉和张孝若为沈寿遗产问题而打官司的调解合同等。我还为他向管劲丞借了驹井德三报告书,并将抄自《向导》的蔡和森的文章也借给他看了。有的材料他抄了去"。

　　而章开沅的回忆与穆烜大致相同,他认为:"此行最大收获,是在曹从坡、穆烜等当地友人协助下,仔细阅读了现存的《张謇未刊函电稿本》第7、8、26、27、29、31、32、33、34、35、36等册,以及扶海垞辑藏的《来函汇集》、张孝若辑藏的《父训》、沈燕谋辑藏的《张謇致沈敬夫函札》等珍贵文献。同年,江苏人民出版社影印出版了《张謇日记》,虽然前14册(自同治十二年九月初四日至光绪十八年五月二十九日,其中缺第10册)被沈燕谋携至台北以《柳西草堂日记》原名付印,而且当时内地尚无法购买补齐,但已经为张謇研究提供了极大的方便。此后,我决心投入张謇研究并为之写传。"[1]

章开沅提及的文献,除了《张謇致沈敬夫函札》外,其余都是大生档案中的瑰宝,绝大部分都已经向社会公布。1963年至1964年,华中师范学院给章开沅一年多进修时间。时任全国政协副秘书长兼文史资料委员会副主任、原华中师范学院院长杨东莼以协助该会征集北洋政府时期史料的名义,把章开沅借调到北京。章开沅得以把大量的时间用于张謇研究,在北京图书馆善本部摘抄赵凤昌藏札,与在北京中华书局校注《张謇日记》的祁龙威相互切磋。通过为张謇、赵凤昌等部分未刊函稿作笺注,以《啬翁自订年谱》与《张謇日记》为基干,把《张季子九录》及其他重要相关人物的文集、函电加以排比,做较详细的史料长编。期间,章开沅还得到章士钊的关心,章士钊在一部分张謇未刊信札笺注上做了认真的批注和订正。《开拓者的足迹——张謇传稿》就是在这个基础上写成的。

当然,让章开沅下定决心为张謇写传的,不仅仅是丰富的史料,还有南通人的淳朴和热情。穆烜回忆章开沅在南通的活动:"我还陪章去图书馆,为之联系,让他到图书馆阅览有关张謇的资料。又和他去博物馆,博物馆说没有关于张謇的文字资料,只拿出一些风景照片之类看了一看。途中,

---

[1]章开沅著:《章开沅文集(第8卷)》,华中师范大学出版社2015年版,第277页。

顺便看了张謇住宅。章提出要参观大生一厂,我请曹钧陪他去,因曹也想去参观。同去的还有李纬君、管霞起,我没有去。我陪章开沅去了政协,找了吴立庵,交了介绍信,请吴为之约几个人谈谈。吴约了管劲丞、费范九、孙支厦、徐海萍,主要了解张謇在辛亥前后的政治活动情况。章来时,适逢国庆节。政协曾请他参加庆祝晚会。节日期间,政协组织民主人士联欢去狼山,也请了章。"

章开沅后来在《我与张謇研究》[1]一文中提道:"滞留南通期间,还有幸见到费范九、管劲丞、徐海萍等对张謇了解较多的老人,他们或参加座谈,或个别会晤,或导引参观,为我提供许多书本上所没有的感性认识。费老的平易近人,管老的滔滔雄辩,徐老的清淡闲逸,都是我永远难以忘却的记忆。"

1962年国庆期间,秋高气爽,省市领导在景色如画的狼山欢宴南通各界知名人士,章开沅作为唯一的外地来宾应邀出席。狼山椒鸡、阳澄湖蟹,还有以桂圆、红枣之类酿成的美酒,主人殷勤劝饮,客人频频举杯,这是他生平第一次醉酒。章先生说:"我一直认为,是南通人的纯真热情使我醉倒,我的张謇研究在如此温馨的氛围中开始,这是一生莫大的幸福。"这大概是日后章先生每逢南通客人到武汉,都要热情款待的原因吧。

2019年,笔者在研读馆藏档案时,意外地发现章先生写给管劲丞的一封信[2],我通过田彤教授把复制件交给章先生,章先生对于这份他自己都不记得的早年信件的出现,颇感意外,也颇为高兴。

---

[1] 章开沅:《我与张謇研究(代后记)》,章开沅著:《张謇传》,中华工商联合出版社2000年版,第383—396页。

[2] F005-311-35。

这封信，时间署为"十月卅一日"，是章先生受管劲丞之请，查阅相关史料后的回信。信的开头是："劲老前辈：前此所受教益良多，感谢之至。承嘱查应泉与刘柏森，已检阅有关书籍。应泉一名未见于各种方志，大清一统志及中国古今辞典均未收入，此间老人亦无从奉答。可能并非地名，希再斟酌确定。刘柏森履历亦未查清，现仅知系一候补道（人称刘观察），由张謇委托经办大维公司。"章开沅离开南通后，还与相关人士保持联系，那个时候没有便捷的数据库，南通的资料也不丰富，章先生是个热心人，显然检索了很多书籍。

不仅如此，章先生还多方收集张謇的信稿，并提供给南通方面："前在南京档案处所得张謇材料一件，已钞寄穆

章开沅致管劲丞信

烜同志,北京图书馆资料经核对后亦开一草目寄奉,或可供参考。有何新发现,尚望时赐教诲。明春游汉之约,甚望实现。"这里提到的北京图书馆资料,据穆烜的回忆,是北京图书馆赵凤昌藏札里的张謇信函:"章开沅来通时,也曾建议进一步收集张謇信稿。他说,他曾在北京图书馆看到'近代史藏札'(即'赵凤昌藏札'),其中有不少张謇的函件,多与辛亥革命前后国内政局有关,而为南通现存信稿中所没有。如能摄成照片回来,那就比较全了。他并表示,他将去北京,他可代为选择。我告诉了袁明,他很赞成,决定和北京图书馆联系。以后,章开沅来了信,我就转给袁明,让他们直接联系。后来就由章开沅到北京图书馆去选择了一部分,由北京图书馆代为拍成照片,寄了回来。"

章开沅是享誉海内外的著名历史学家,在辛亥革命史

章开沅著《开拓者的足迹
——张謇传稿》封面

章开沅、田彤著
《张謇与近代社会》封面

研究、中国资产阶级研究、中国商会史研究、中国教会大学史研究、南京大屠杀历史文献等多个领域起到引领和开创的作用。章先生为南通人熟知，是他在张謇研究方面起到的推动作用。他的专著《开拓者的足迹——张謇传稿》完整评述张謇生平，语言优美，论证扎实，评价客观。《开拓者的足迹——张謇传稿》历经波折，终于由中华书局在1986年出版。2000年，在《开拓者的足迹——张謇传稿》的基础上修订的《张謇传》，由中华工商联合出版社出版，之后，章开沅还与田彤教授合作完成了《张謇与近代社会》一著，2001年由华中师范大学出版社出版。章开沅始终引领着张謇研究前行，是张謇研究领域公认的开拓者。

第四章　征集与补充

　　大生档案入藏南通市档案馆之后，内容和数量上处于不断补充状态，因此也是一个动态过程。一方面来自档案的移交，如2003年有来自南通市纺织工业局和通棉三厂的587卷档案，经整理后归入相应的全宗，这批档案很多涉及大生第一、第三纺织公司的股东名册和定息发放，最晚的成文时间为20世纪90年代；另一方面是向社会征集，其中数量最多的一次是2012年，通过多年的努力，从郭永华处征集到一批通燧火柴公司的档案，整理出文书档案2 594件，会计档案92卷，新设B423全宗，弥补了馆藏空白。档案征集，获取原件是一种形式，但在无法取得原件的情况下，复制件也是不错的选择，特别是在档案保存在其他收藏机构，而又特别珍贵的情况下。南通市档案馆不断尝试在境内外征集档案，丰富馆藏。

第一节 台北近代史研究所档案馆

提到研究近代中国史,查阅中国近代外交和经济方面的档案,位于台北的"中研院"近代史研究所档案馆是个无法忽视的地方。其收藏的近代中国外交与经济档案,为研究近代史之瑰宝。

2006年,张謇的嫡孙张绪武从台湾地区考察归来后,给南通市档案馆带来一份"中研院"近代史研究所档案馆所藏涉及张謇与南通档案的案卷目录。恰逢国家档案局设立国家重点档案抢救与保护项目,经申报,赴台湾地区征集大生档案项目被列入其中。2009年4月17日至20日,第五届张謇国际学术研讨会在海门举办,笔者在与会人员名单上看到有两位来自"中研院"近代史研究所的学者,张朋园和黄克武,他们都是知名的历史学家。经联系得知,19日他们受张謇研究中心的邀请,去南通市区进行学术交流。在张謇研究中心的支持下,他们的活动添加了南通市档案馆之行。19日上午,张朋园和黄克武应邀来到南通市档案馆。张朋园见到张謇给张孝若的信(《父训》),看得很仔细,感慨道,这是珍宝啊。在两位学者参观结束之际,笔者跟黄克武提出,想到他们那边去查阅张謇的档案,黄克武一口答应,表示会提供电子版。

南通市档案馆之后就开始筹备赴台事宜,经过两岸相关部门的协助,终于能够第一次去台湾地区征集大生档案。2010年4月16日上午,我们按约来到台北市南港区研究院路二段128号,时任所长黄克武在他的办公室热情接待我们,近代史研究所档案馆主任庄树华介绍该馆的基本情况,并带我们进入库房参观,还展示了档案原件。我们看到,经过数字化的档案原件不再装订,而是依原来的文件顺序直接放到档案装具里,这不失为保护档案原件的好办法。因为经过拆卷后的档案,如果再次装订,必然会对原件造成物理上的损伤。这种做法,对经过修裱的档案原件也适用。

接下来笔者和同事就在阅览室,经过注册,通过近代史研究所档案馆的网站,查阅档案的电子版。近代史研究所档案馆所藏1928年前的外交档案和1949年前的经济档案,当时已对外开放,并可在该所网站通过"近史所档案馆馆藏目录检索系统"进行检索和查看电子档案。近代史研究所档案馆的档案著录工作非常扎实,每份档案经过整理均形成一

台北"中研院"近代史研究所
档案馆大厅

台北"中研院"近代史研究所
档案馆库房

2010年4月16日作者在台北"中研院"
近代史研究所档案馆阅览室查档

张著录卡片，分为档案馆藏号、资料类别（每份文件的题名，以及所在全宗、系列、宗和册的标题）、档案描述（时间、产生者、收文者、文种、语言、页数和版本）和权威控制（涉及的主要人物及其职务），此外在检索系统中注明是否有原文影像，还为读者反馈意见提供渠道，这是建立在档案实体精细化整理基础上的产物。近代史研究所运用全所研究人员的集体力量参加外交档案和经济档案的整理、目录编制和编纂，一方面使得档案整理的质量得以保证，另一方面经由历史档案的整理、编纂与出版，造就出不少史学专家。王树槐是近代史研究所著名的学者，他的《中国现代化的区域研究：江苏省1860—1916》广征博引，史料运用似信手拈来，是近代史研究领域的力作。这跟他曾潜心致力于历史档案的整理有密切关系。

随后得知，凭我们注册的账号，可以通过互联网随处登录，在限于个人、学术研究及非商业目的的情况下，依据知识产权的法律规定，浏览和打印相关的档案。这极大地方便了学者利用档案，只要不大量有系统地打印档案，或者在一定时间内打印的数量不超过合理范围，就能够足不出户满足查阅需求。

"近史所档案馆馆藏影像检索系统"可以通过关键词和人名进行检索，能够便捷地查到相关档案。经挑选，我们在现场复制了86件档案，大致可分为张謇形成的文件、他人致张謇的文件和有关张謇的文件68件，有关南通所创企业的文件18件，合计86件974页。这些档案对于进一步研究张謇和大生企业，乃至中国早期现代化都有非常高的价值。

从涉及张謇的档案分布看，其主要保存在近代史研究所档案馆的外交档案中。外交档案大致可分三部分：总理各国事务衙门（1860—1901），共1008函；外务部档案（1901—1911），共457函；民国政府外交部档案（1911—

1928），共2 446函，合计3 911函。这些外交档案，涉及外交、商务、教务、交通、矿务、侨务、界务、军火等方面。

1913年9月11日，中华民国大总统袁世凯任命张謇为工商总长兼农林总长，张謇10月21日就任。12月22日张謇又担任全国水利局总裁。12月24日，担任农林、工商两部合并后的农商部总长。1915年4月27日，在多次力辞之下，张謇不再担任农商总长。1916年1月2日，解全国水利局总裁职务。张謇在农商总长时期，致力于经济法规的制定，颁布有关工商矿业、农林业、渔牧业等法规条例二十余种。张謇在兴办实业、观察中国经济发展现状基础上，认为健全经济法规是发展实业的保障，因此在1913年11月8日《实业政见宣言书》中提出"农林工商部第一计划，即在立法"。《张謇农商总长任期经济资料选编》（南京大学出版社1987年版）收录二十余种法规，还收集了一部分说帖、提案、演说、审定稿、呈文、章程、规则、命令、通告、公示、启、函等，资料选自《政府公报》和北洋政府法制局粘贴簿抄件。

在民国政府外交部档案中，保存着张謇在任农商总长期间形成的文件，是研究张謇涉外经济思想的重要史料。如1914年6月30日农商总长张謇致外交总长《组织中美公司事已派员前往接洽由》，1914年7月4日农商总长张謇致外交部《咨复山西商务局与福公司所订赎矿合同应确定范围各节请查照转知由》，1914年8月17日农商总长张謇致外交总长《山西福公司借款优先权事请查照前咨照复英使由》，1914年8月14日农商总长张謇致外交总长《山东矿权偿款案业经咨行该省巡按使迅速筹付兹抄录原咨咨请查照转达由》，1914年8月10日外交部致农商部《会议摩根办矿合同本部加入声明一条希核复由》等。

水利是张謇一生关心和从事的事业。张謇任全国水利总裁期间形成的文件，保存在全国水利局全宗的有：1914年

2月11日全国水利局《呈复大总统酌拟导淮并治沂泗松辽，设立河海工校等办法请批示祗遵由》，2月14日全国水利局《函国务总理请代送交议水利事项呈复由》。保存在民国政府外交部档案中的有：1914年7月21日张謇致驻美使馆《导淮借款及美红会派员复勘淮河工程事等函请查照由》，1915年7月31日张謇致外交部《本局现无添聘工程师之必要请转达俄库使由》，1915年8月21日驻美使馆致张謇《奉电代出席水利会议事函复察核由》等。

外务部档案中涉及张謇兴办实业的档案有：1904年8月16日南洋大臣魏光焘致外务部《咨达商部头等顾问张謇议商律等情由》，1905年9月7日美国公使柔克义致外务部《详陈张謇了结抵制美约事与商会人等所拟办法二条由》，1906年外务部《张謇拟在通州设铁冶厂出品纳税》案卷，包括1906年4月2日署理两江总督周馥致外务部《翰林院张修撰拟在通州唐家闸创设铁冶两厂出货已批按值百抽五纳税出省按章再加由》，1906年4月6日商部致外务部《张謇设立资生铁冶公司请免税厘即经江督核定自应照准由》等件。

民国政府外交部档案中有关张謇主持吴淞开埠的档案有：1920年10月11日江苏督军李纯、江苏省长齐耀琳致大总统《请派张謇督办吴淞商埠事》，1920年11月15日张謇致大总统、国务院《暂任吴淞商埠督办并请另简贤员由》，1920年11月16日国务院致张謇《既荷担承幸勿固辞由》，1921年2月19日督办吴淞商埠事宜张謇致外交总长《奉命督办吴淞商埠事宜所有一切组织规程咨达查照并转行所属知照由》，1922年9月15日江苏省省长韩国钧、督办吴淞商埠事宜张謇的《吴淞商埠重行勘界事抄录会呈原文并埠界图请查照备案由》等。

此外，民国政府外交部档案中还有：1921年有关筹备中比航业公司的函件；1923年6月6日江苏灌云县教育会、商会、农会、水利研究会、自治协进会致国务院《反对张謇借款押地由》；张謇为争取美国退还庚子赔款用于文化事业，1924年5月22日致驻美公使施肇基的函，以及施肇基8月20日复张謇函等。

在国民政府实业部、经济部、建设委员会形成的档案中，藏有大生第一纺织公司、大生第二纺织公司、大生第三纺织公司、天生港电厂、通明电气公司、大达内河轮船公司等大生系统企业的档案，这些档案与大生档案可以起到相互补充的作用。

回南通后，我们经对征集回来的所有档案进行认真整理和甄别，发现未刊的张謇函稿有50件。此时张謇研究中心负责国家清史编纂委员会文献丛刊《张謇全集》的编纂工作，非常希望能把这部分档案编入其中。在双方单位的洽商过程中，笔者建议首先征求这批档案的保管单位的意见，应该取得对方的授权。2011年8月10日，南通市档案馆以参编单位的身份，将一封商请授权文献使用的函，通过邮政特快专递发出。

很快，南通市档案馆对外公布的单位邮箱收到"中研院"近代史研究所档案馆的电子邮件，全文如下：
您好：

最近收到贵馆来函，想要将本馆馆藏数据收录至《张謇全集》。

馆方非常乐于协助办理相关事宜，但不知其后续相关流程该与贵馆何人联系？

烦请告知其姓名及email，谢谢。

苏美惠

该电子邮件后面还附有联系电话和传真号码。南通市档案馆办公室的陈春华接到邮件后，迅速转给笔者，笔者回复的邮件主要内容是：

苏美惠女士：

　　感谢您如此迅速地给我们回函。

　　目前我们需要了解的是，这部分数据如果要收录进《张謇全集》，是否需要贵馆的版权授权书？如何在《张謇全集》中体现其资料来源？

　　苏美惠很快详尽地解答了问题，并告知马上会给南通市档案馆寄来书面函。不久，南通市档案馆收到来自台湾地区的回函，这份盖有"中研院"近代史研究所所长黄克武印章的函件，发文日期是2011年8月25日，发文字号是"近史字第1005250215号"，主旨是"本所同意授权贵局为新编《张謇全集》所需之相关资料，详如附件，请查照"。函件有附件两份，一份是《拟辑入新编〈张謇全集〉的档案》，列有档案的档号和档案题名；另一份是《馆藏资料授权使用同意书》。

　　从《馆藏资料授权使用同意书》中，我们可以体会到，"中研院"近代史研究所档案馆对于开放档案，秉持让社会充分利用的原则，同时充分维护自身的版权。不妨摘录《馆藏资料授权使用同意书》的第一至第三条，其中甲方为"中研院"近代史研究所，乙方为南通市档案馆：

　　第一条　甲方同意将典藏之外交部及水利局档案共546张授权乙方使用。

　　第二条　上载同意使用之标的，只限于新编《张謇全集》一书出版使用，凡任何用途变更、载体变更、重制或制作延伸性产品，均须重新取得甲方授权。

　　第三条　乙方使用授权标的时须注明本著作系由甲方授权。乙方需提供出版品两册予甲方作为馆藏。

　　此外，《馆藏资料授权使用同意书》还规定："乙方不得将甲方授权使用之著作用于诽谤他人名誉或损害他人隐私，若因之发生法律诉讼，乙方当自负其责。"对于未来可能的争议,也约定处理的方式。

《张謇全集》(上海辞书出版社2012年版)收录的原藏于"中研院"近代史研究所档案馆的50件张謇档案,标注文献的出处、档号、原题名,是所有收录的文献中来源信息最丰富的,既是对知识产权的尊重,也能给读者带来更多的背景知识。台湾地区之行,揭开了南通市档案馆境外征集大生档案的序幕,征集到的档案补充了馆藏的不足,还及时地服务于《张謇全集》的编纂,使得征集成果在更广的范围服务于社会。

第二节　徐家汇藏书楼

徐家汇藏书楼是闻名遐迩的文化机构,原为法国耶稣会所办,是上海最早的图书馆。上海徐家汇,因明代末年著名的科学家和天主教徒徐光启墓坐落于此,且有多条河流汇聚而得名。1847年以后,徐家汇逐渐成为上海天主教的文化事业中心,耶稣会所属的天文台、博物院、藏书楼、学校、教堂、圣母院和孤儿院等机构陆续兴建。徐家汇藏书楼目前是上海图书馆的组成部分,藏有外文文献5万多册,中文文献11万册,既是东学西渐和西学东渐的见证,也是一座知识的宝库。没有想到的是,竟然因为张謇的缘故,有机会走进徐家汇藏书楼,开启一段愉快的档案征集之旅。

事情还得从南通市第一人民医院说起(简称人民医院)。这家位于南通市区的医院,最早的历史可以回溯到1907年。1907年春,美国基督会接受美国加利福尼亚的查普曼捐资5 000美元,在通州城西门外河西街购地建造查普曼纪念医院。1912年10月,查普曼纪念医院大楼落成,并正

徐家汇藏书楼外观

式开诊。1913年春定名为南通基督医院。5月因缺少医师,医院停业。1916年10月2日南通基督医院再次开业。1937年8月17日,基督医院遭侵华日军飞机轰炸。1942年1月30日侵华日军"接管"南通基督医院,更名为"江北中央病院南通分院"。1945年9月,基督医院资产保管人徐文启函请南通县政府监交发还基督医院,南通县政府批文,准予徐文启接受医院房屋器材,暂行保管。1951年6月16日,苏北行署(102号)命令,南通基督医院由南通区专署接办,定名为南通人民医院。1970年7月定名为南通市第一人民医院。

  南通基督医院的历史,由于史料的缺乏,不够清晰,也不系统。但是人民医院的员工始终没有放弃还原历史原貌的努力,在老院长汪开的奔走下,从美国复制了一批当年形成的档案,弥补了空白。因缘际会,2007年夏天笔者因为一篇文史文章与汪开结缘,有幸见到这批档案。可以说就是南通基督医院的境外档案，让笔者拓展了眼界，不仅仅是内容的记录，为中文档案所未见，更重要的是，从外人角度观察的记载，自有其独到的一面。

就在这批档案复制件中，笔者看到1923年4月美国《世界召唤》（World Call）杂志刊登的题为《中国的现代化城市》的文章，开头就提道：

南通是独一无二的，在于它是全中国唯一在英文报纸上给自己做广告的城市。广告上讲南通是中国最好的棉产区，每年出产100万包棉花；大型的纱厂拥有数千名工人；它还有大型的棉籽油工厂，缫丝厂，铸铁厂，电灯厂，五家现代化银行，与上海间的轮船航线，以及上百英里拥有公交线路的现代化道路。有2万名学生在农业、贸易、艺术以及师范学校学习，其中一家刺绣学校，在纽约拥有自己的门市部。南通还有强有力的商会。

要说南通就离不开张謇、张詧两兄弟，他们控制着当地大部分的财富，地位举足轻重。前者是中国的一位大学者，曾经担任政府的高官。后者则是家族商业领袖，在每一项事业上都忠心耿耿地辅助着弟弟。正是由于这两兄弟的能耐与影响力，南通成为了中国最出色的城市之一，1911年以来该地区也没有像中国其他地区一样陷入无序。

"南通是独一无二的，在于它是全中国唯一在英文报纸上给自己做广告的城市。"这句话特别吸引笔者的眼球，这是一个闻所未闻的描述，如果属实，会是一个重要的史料发现。这份英文报纸的名称是什么？广告的内容是什么？从此笔者开始留心寻找那张报纸，那份广告。2011年11月，那时候还可以用谷歌，通过这个搜索引擎，终于找到出处，这份英文报纸就是在中国报业史上拥有一席之地的《密勒氏评论报》（The China Weekly Review, 初名Millard's Review of the Far East）。《密勒氏评论报》是美侨在上海出版的英语周刊。1917年由密勒（Thomas F. Millard）创办。两年后由约翰·本杰明·鲍威尔（John Benjamin Powell）接办。太平洋战争爆发后停刊。抗日战争胜利后复刊，由其子威廉·鲍威尔（William Powell）主编。1950年起改为月刊。曾因披露美军在朝鲜进行细菌战，被美国政府禁止入境。1953年停刊。

笔者先是联系上海社科院图书馆，工作人员表示他们的资料主要面向单位研究人员，但如果确实需要的话也是可以用的。11月25日，笔者电话联系了上海图书馆徐家汇藏书楼，接电话的是一位女士，听清要求，她首先告知有，然后又问需要哪一年的，接着她说马上去库房看一看确定一下。几分钟后，当笔者再次去电话时，得到明确的答复，1920年的《密勒氏评论报》有收藏。30日，在徐家汇藏书楼二楼那间典雅的阅览室里，见到了那位名叫包中的工作人员以及她的同事。在他们的热情帮助下，百年前的报纸很快呈现在面前，在柔和的台灯灯光下，微微泛黄保存完好的《密勒氏评论报》让人有一种时光穿越之感。看到1920年6月12日第71页以《南通——中国模范城》（"NANTUNGCHOW——The Model City of China"）为题的整版广告，心里很有些激动。

《南通——中国模范城》是南通商会在《密勒氏评论报》上投放的整版广告。广告首先介绍南通的地理和人口情况："南通地处长江北岸，距离上海100英里，位于富饶的长江三角洲的核心地带。南通城区人口15万，全县人口150万。"接着枚举如下11项南通的发展成就：

"通州棉"的出产中心，其质量冠绝华夏，年产超过1 000 000包。

拥有50多英里长的新式马路，大部分是石子路面。

多个棉、蚕种养实验基地和学校。

一所现代农业学校，126名学生在具有留学经历的教师指导下，从事实务操作。

NANTUNGCHOW
"The Model City of China"

Located on the north bank of the Great Yangtsze River, 100 miles from Shanghai in the heart of the fertile Yangtsze River valley.

Population of city 150,000   **Population of district** 1,500,000

Some of the outstanding features of Nantungchow and the Nantungchow district are:

1. Center of the great "Tungchow" cotton district, the best grade of cotton in China. Production more than 1,000,000 bales annually.
2. More than fifty miles of modern roads, much of which is now being rock-surfaced.
3. Cotton and Sericulture Experiment stations and schools of instruction.
4. Modern agricultural college with 126 students who do practical work under supervision of foreign-trained teachers.
5. 334 separate schools with more than 20,000 students.
6. Two modern cotton mills with 60,000 spindles, 500 looms and 3,000 operators.
7. Modern cotton-seed oil mill which provides a surplus for export.
8. Five modern banks and eight native style banks.
9. One match factory, one flour mill, one silk filature, one iron foundry, one electric light plant and a direct steamer line to Shanghai and other points.
10. Modern office building in Shanghai with modern banking facilities.
11. Maintains the "Nantoon" Chinese embroidery, lace and needlework shop Fifth Avenue, New York City.

New enterprises for the district include hundreds of miles of new roads, the total expenditure for this purpose being in excess of $300,000; seven new cotton mills; new electric light and power plant; coal mine development to supply the industries of the district; an extensive reclamation project to reclaim thousands of acres of land from the overflow of the Yangtsze River.

Visitors are always welcome at Nantungchow. There are two comfortable hotels. Lang-shan Mountain, one of the five sacred mountains in the district, is a beauty spot almost impossible of description. There are hundreds of beautiful temples and shrines and a beautiful pagoda gives a view of the district unexcelled in the Orient. Persons desiring further information regarding Nantungchow or the Nantungchow district are requested to address—

THE CHAMBER OF COMMERCE
Nantungchow, Kiangsu Province,
CHINA

1920年6月12日南通商会在《密勒氏评论报》上刊登的广告

徐家汇藏书楼二楼阅览室

散布的334所学校接纳20 000余名学生。

2座现代化的棉纺厂,共有60 000纱锭、500织布机和3 000工人。

1个现代化的棉籽油加工企业,产能可供出口。

5家银行和8个钱庄。

火柴厂、面粉厂、缫丝厂、铸铁厂、电灯公司各一。水运线路直达上海等地。

在上海拥有一座现代办公楼,内设银行。

在纽约第五大街开设中国绣品商店。

随后又为人们描绘了南通的经济前景:"南通方兴未艾的事业包括:总投资超过300 000元的数百英里筑路计划;新建7个棉纺织厂;新建发电厂;保障工业发展的煤矿开采;对长江泥沙淤积形成的成千上万英亩土地的开垦。"

广告的最后,向境内外各界人士发出了邀请:"南通欢迎四方宾朋。这里有两家舒适的旅馆。境内五座圣山之一的狼山,风景美不胜收。数百座庙宇和一座宝塔构成了无双的东方胜景。需要了解更多南通情况的人士,可与南通商会联系。"

这是当年的南通自信的体现,也是希望其自治的成果能为更多人所接受,希望在更大的范围推广的努力。这个广告从1920年6月12日到9月18日共刊载15次。1921年元旦,在原来广告内容的基础上,又增加大达轮船公司上海至南通的航行信息,并且陆续刊登到1922年4月15日。

翻阅的过程中,发现《密勒氏评论报》对张謇和南通有不少专题报道,同样未被学界注意过。于是随后的两年,笔者陆续去了多次,系统地复制相关文献。笔者至今还记得徐家汇藏书楼王仁芳、包中、徐锦华、单雪、明玉清、沈树吟等老师,他们以渊博的学识、诚恳的态度、优质的服务,为笔者提供了很多方便。那时南通到上海还没有通火车,一般笔者是坐头班汽车到上海客运总站,再打个车,偶尔去往上海的路上不堵车,赶到时徐家汇藏书楼刚刚开门。那时候可以看原件,这是一种远超在电脑上看电子版的体验,像素再高的扫描件,都无法还原原件的全部信息,特别是载体信息。

《密勒氏评论报》对张謇的关注,最早是刊登在1919年8月9日"中国名人录"(Who's Who in China)栏目里的对张謇的介绍。1926年8月28日,《密勒氏评论报》刊登《敬爱的张謇去世》。在1919年至1926年间,《密勒氏评论报》发表了一批有关张謇与南通动态的文章,视角独特,观察细微,评价独到。

鲍威尔的南通考察报告《不受日本影响的南通天堂》,发表于1920年5月22日《密勒氏评论报》,讲述作者目睹的南通在经济、文化和社会事业上取得的成就,探讨南通之所以成为模范城市的构成元素,指出张謇在其中的重要作用:"这一地区的现代发展归功于张謇以及他的哥哥张詧,两位多年苦心经营,推动了这一长三角重点地区的进步。张謇,同时也是著名的翰林学者,1913年担任农商总长,因其建设性的成就,在东方享有盛誉,他甚至受到了美国杂志的关注。"

在《不受日本影响的南通天堂》里,鲍威尔关注了张謇对日本的情感取向,可以从文章的开头两段体会出来:

从上海溯着扬子江往上100英里,在离江岸大约5英里处的村庄小道上,有一处遗址。该遗址大约20英尺高,用泥石筑成,顶部有一处刻字的碑。这处遗址的中文名叫作"倭子坟"。它竖立于距今约400年前的明朝,而历年都得到修缮。它纪念昔日中国兵勇战胜前来劫掠的倭寇,这些日本海盗沿着扬子江而上,杀死了许多居民后火烧了南通城。

自此旧事以后,中国与东方都经历沧海桑田。南通已经成为一座拥有15万居民的城市,这一地区人口已经超过150万,被普遍视为中国最具发展前景的地区。今日,日本元素已被排除在南通城之外。若干年前,一些日本人造访倭子坟,并试图将它买下来,但是被温和而又坚决地护送回船只,同时被给予友好的道别。十年前,这一地区的一位著名士绅访问东京时,在一家博物馆发现许多刀剑、旗帜与战利品,所有这些都由日本占领者与侵略者不同时期在中国所缴获,如今日本人在日本首都骄傲地展示出来。当这位士绅返回故里时,据说他立刻雇佣劳力修缮倭子坟。

裴德生则从另外一个角度打量张謇。在他的眼里,"创造天才不分国界与种族,勿论背景与阶层,可以在任何地方展现才华。从上海沿扬子江往上100英里,创造天分体现在中国最伟大的工业领袖与资本家张謇身上。通过南通这个模范城市的建造,他为中国未来的工业化树立了里程碑。孤立于那些受外国影响的城市之外,没有铁路带来的便捷,也没有走商业发展的寻常路线。南通成为张謇与其同僚和亲属(包括其子张孝若与其兄张詧)行政才能、视野与组织能力的不朽作品"。

这是时任主编的裴德生,在1921年3月26日《密勒氏评论报》发表的题为《张謇:中国的城市建造师》一文的第一段。在这篇文章里,裴德生的着重点在于阐述张謇与南通城市建设和发展的关系。在裴德生看来,"张謇所拥有的经验与远见,并非西方国家所赋予。没有哪所西方的技术学校,能够光荣宣称他为自己的校友"。但是,张謇却显示了迥异于中国传统文人的特质与雄心:"二十四年以前,张謇的梦想,是在南通古城墙外兴建一个工业城市,不仅作为工业中心,同时也是慈善事业与教育汇集之地。"随着各项实业取得迅速发展,"以实业为核心,张謇开始了他的梦想之城——南通模范城镇的建造。第一件工作就是在城市里修造了一座有着漂亮池塘的公园。此项目完成后,他将注意力转向可容纳1 200坐席的现代剧院的建造。作为中国传统戏剧最得力的推崇者与赞助人之一,张謇汇聚了全国诸多名角"。

裴德生认为:

南通可以视作这位中国最伟大的城市建造者之一的自传。二十五年间,南通在长三角北翼平原迅速崛起,兴旺发达。它的影响力与发明创造在过去数年间成为公众关注的焦点,带来了国际声誉。

通过南通,张謇成为了建造优良道路的先驱。

南通见证了中国近代教育的发展。

张謇在其同僚的协助下,为年轻一代的中国人提供了范例,如果薪火相传的话,将会使这个国家走向世界最伟大的工业国家的前列。每个年轻的中国人都有必要花费一些时间,在南通城吸取它的精神,学习它的内部建设,从而培养未来的城市与国家建造者。南通对于外国游客也是令人愉悦的体验,它的好客让人回想起美国南部地区传统的礼貌。

毕竟,南通令人最为印象深刻的特性,它极大的活力以及活泼进取的精神,在于这一切诞生于中国最伟大的学者之一——张謇的脑海中。

从1920年《密勒氏评论报》开始介绍南通,到1926年张謇去世,其间该报发表了多篇有关南通经济发展的文章,一般是某个具体成就的报道。而1923年3月17日的《中国实业之进步观——中国模范城南通州》,比较系统地介绍了南通。作为"中国实业之进步观"系列文章的第四篇(该系列文章均配以中文译文),该文首先阐述了关注南通的原因:

中国实业发展之动力,初以上海为起点,今已逐渐扩张而及扬子江口岸各城镇。其最显著者,为南通及无锡两处。南通为扬子江北岸之商埠,距上海七十哩,有轮船往来其间。此城为完全中国人所经营,无外人营业于此,而居留之外国人,仅限于传教师及教育家而已。以其为中国人所经营之商埠,故年来变化之速,革新之进步,实堪为吾人注意也,而有中国模范城之称。观此城,亦可表率中国人建造革新之能力。兹将此城进步情形于下文略述之。

文章随后从沿革、工业、公众便利事业、垦殖荒地、运输、商务与金融等六个方面,分别加以介绍。其沿革部分,表述了近代南通的崛起与张謇的关系:

廿五年前,南通情形与其他小城无异,而位置于膏腴之地。此城之居民中,有张君季直者脱颖而出,为此城改革之重要人物。张君生于小康之家,于前清科举时代得最高学位,为中国今日有名文学家。虽为文学家,而竟能注意于发展农业、建造工厂等事。其对于宦途颇漠视之,尝为农商总长,一次而

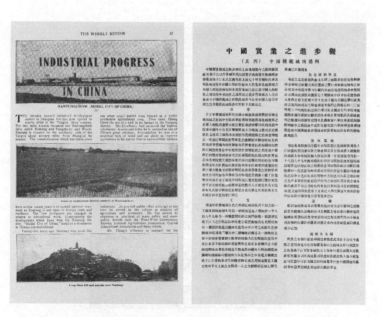

1923年3月17日《密勒氏评论报》发表《中国实业之进步观——中国模范城南通州》,右图为同时刊发的中文稿

已。至关于农实各业之机关,则不辞劳瘁竭力赞助。故于各官商合办机关,彼每位列首席,如淮海浚河局督办、全国农会会长、中央教育会监督等。张君之名望为全国所钦仰,然其精神,则多注意于南通毗邻区域,其经济方面之事业,则建设工厂、垦殖、筑路、浚河、建筑码头、创船公司等。故南通经其经营而成为新商埠,埠中路政宽坦,商业殷实,此沿革大略也。至于张君对于公众慈善事业之赞助擘画,亦大有可观,如各级学校以及师范、农业、商务、工艺、工程等学校外,尚有女子职业学校、孤儿院、养老院、医院等,皆为张君手创。其对于社会服务事业,昭然在人耳目,且历久不倦,虽年及古稀,不但孜孜于增进其旧有事业,且对于地方及全国各新事业仍进行不已。

南通市档案局(馆)编
《西方人眼中的民国南通》封面

第三节　耶鲁大学神学院图书馆

耶鲁大学神学院图书馆（简称神学院图书馆）为中国人所知，是因为该馆保存着大量关于南京大屠杀的档案。章开沅教授曾经在1988年、1991年、1998年三次前去查阅，特别是第二次整整花费8个月时间，对原金陵大学教授、基督会成员贝德士（Miner Scarle Bates）的文献系统检阅了一遍。1995年，章开沅利用贝德士文献中的南京安全国际委员会与南京国际救济委员会的档案，以及贝德士与其他委员会成员之间的私人通信，写成了《南京大屠杀的历史见证》（湖北人民出版社1995年版）、《南京：1937.11—1938.5》（香港三联书店1995年版）。1998年，章开沅再次对有关南京大屠杀的档案进行全面搜索，在此基础上编成《天理难容——美国传教士眼中的南京大屠杀（1937—1938）》（南京大学出版社1999年版）。

阅读章先生的相关著述后，笔者对神学院图书馆产生了兴趣，查阅其网站后，惊奇地发现，神学院图书馆还保存着民国时期在南通工作的基督会传教士高诚身（Garrett Frank）、白美华（Verna Waugh Garrett）夫妇及浦尔琪（Burch）等人的档案，由于张謇与基督会传教士保持着良好的合作关系，这些传教士留下的档案，应该对研究张謇及近代南通有参考价值。特别是之前在南通市第一人民医院看到《世界召唤》杂志刊登的《中国的现代化城市》，于是产生了系统地翻阅《世界召唤》的想法。另外耶鲁大学斯特林纪念图书馆（Sterling Memorial Library）手稿与档案部（Manuscripts and Archives）还藏有曾在侵华日军占领南通

2009年11月20日章开沅先生与笔者合影,地点是武汉华中师范大学校园

时设立难民营,拯救南通百姓的麦文果(Vincoe Mushrush)的档案。

2009年11月20日,笔者陪同南通电视台李鸿建,为拍摄纪录片《麦文果》而专程去武汉采访章开沅。因为章先生对南通的感情,他推掉其他的采访,认真地回答所有提问。采访结束,一定邀请我们午餐。席间笔者谈及耶鲁大学图书馆典藏有不少民国时期有关南通的档案,章先生主动提出如果需要的话,他可以跟耶鲁方面联系。2014年秋,笔者委托田彤教授将自己的专著《麦文果》呈送给章先生,请章先生指正。章先生对拙作给予不少鼓励,并欣然请秘书刘莉老师与耶鲁神学院图书馆的史茉莉(Martha Smalley)沟通,史茉莉很快就给笔者和女儿朱圣明发来邀请函。2015年3月27日章先生还询问事情的进展。德高望重的章先生与我们并无什么私谊,给我们这样的帮助,真正是出于在学业上提携晚辈。

我们根据要求,先在耶鲁大学图书馆网站上进行注册,取得特藏库的使用账号。注册的过程,其实也是了解和表态愿意遵守利用要求的过程。耶鲁大学图书馆采用的信息管理系统叫作AEON,也为美国许多大学图书馆所采用。该系统功能强大,使用方便。通过AEON,我们搜索到需要的档案目录,并且通过登录自己的账号,直接将相关的档案号发送到相应的图书馆预约利用。期间,我们和史茉莉多次电邮往来,她给了我们不少指点。

我们需要查找的档案集中在神学院图书馆特藏室和斯特林纪念图书馆手稿与档案部,两边对我们的答复回复得都很及时,也很礼貌和周全。斯特林纪念图书馆手稿与档案部公共服务人员2015年6月11日给我们的电子邮件内容是这样的:"你们所需要的所有材料都在我们的AEON系统内,目

耶鲁大学神学院图书馆外观

前处于等候状态。你们来访的前夕,这些材料会被提取和传递过来,7月29日你们就能见到。请记住随身带上身份证明,并完成登记过程。关于我们的利用规则,可以访问我们的网站。有什么问题可以向我们询问。我们期待你们的造访。"

神学院图书馆位于耶鲁校区的北端,可以搭乘校园内免费的蓝线巴士抵达。7月27日早上我们冒雨赶到那里,尽管已经在很多资料中看到过神学院图书馆的图片,但置身其间,内心还是相当激动。史茉莉对我们的到来表示欢迎,并带我们去特藏室的阅览室。阅览室位于一楼,面积不大,但古朴典雅,设施完备。具体负责接待的是 凯文·克劳福德(Kevin Crawford),一位稳重的中年男子。凯文查验护照,给我们拍照,又叫我们在电脑上填写电子表格。然后,我们就看到了预约的档案,当天需要查阅的档案已经放在阅览室的档案架上!

凯文告诉我们,可以拍照,也可以借用他们的扫描仪复制档案。凯文甚至手把手教我们如何使用那两台智能扫

耶鲁大学神学院图书馆阅览室提供的扫描仪极大方便了使用者

仪。这种扫描仪对图片扫描后像素最高可超过100MB,扫描后的图片可以直接存盘,也可以发电子邮件传送。第一天凯文借了一个U盘让我们先用起来。依托这样的条件,查阅效率大大提高。从时间角度讲,原来估计需要3周,实际1周基本解决。从档案完整角度讲,由于拍摄不受限制,可以尽可能地多复制,有利于回国后细细解读。阅览桌旁还有电源插座,可以避免相机没电的尴尬。当然,阅览室还有免费Wi-Fi,不过我们几乎是没有时间用上。

从耶鲁大学图书馆复制回来的档案,与张謇和大生系统有关的,主要是高诚身夫妇档案和《世界召唤》中有关张謇与南通的文章。

耶鲁大学神学院图书馆中国文献项目的个人档案汇集(China Records Project Miscellaneous Personal Papers Collection, Record Group No. 8)藏有高诚身夫妇的档案,内容多涉及高诚身夫妇在南通期间的经历。该档案汇集于第74盒(Box 74)共有33卷(33 Folders),主要为手稿、通信、日记、剪报等,档案形成时间为1896年至1950年;第74A盒(Box 74A)共有9卷(9 Folders),系在南通、南京、上海、庐山、青岛等地拍摄的照片,形成时间为1904年至1962年。

1916年至1932年,高诚身夫妇在南通传教,随后返回美国。在南通期间,高诚身根据张謇的倡议,推动基督会在南通建立英化职业学校,侧重培养具备英语和化学方面职业技能的人才。高诚身担任英化职业学校校长,该校1919年招生,1920年秋迁入西门外望江楼北首新校址。高诚身多次应张謇的邀请参加南通教育界的聚会,如1920年参加南通几所学校的联合毕业典礼,做主题为"进步、谦逊以及团结"的简短发言,1923年5月9日参加南通各社会团体和学校三四千人聚会的国耻纪念会,1923年5月16日参加南通代用师范学校二十周年纪念会,1925年6月6日参加南通中等以上各校教职员学生讲演会,在后两次集会上发表演说。1920年6月8日邀请张謇、张詧等人出席接待美国哲学家杜威的宴会。《密勒氏评论报》的主编鲍威尔与高诚身保持书信来往,是该报了解张謇与南通发展的信息来源之一。白美华是南通崇英女校的创校人之一,还在南通多所学校教授英语,也是不遗余力扩大南通影响的推介人。

高诚身夫妇的档案中,保存着一份1925年12月13日《大陆报》(*THE CHINA PRESS*)的剪报,那是白美华撰写的《南通,著名的中国模范城,被誉为远东的威尼斯》("Nantungchow, Famous as the Model City of China, Is Called Venice of the Far East"),这是一篇鲜为人知的反映张謇时代南通情况的文章。此外还有至少11篇《大陆报》的剪报,是来自南通的通讯,虽然未标明作者,但当时旅居南通的除了

耶鲁大学神学院图书馆保存的南通钟楼照片

基督会传教士，很少有其他英语国家的外籍人士。白美华对于南通的观察别致而独特，这是在南通长期居住后才会有的细腻的观察，只有对南通充满感情才会有的笔触：

  杭州和苏州以其古老的建筑和优美的风景著称，而南通则以中国的模范城闻名。如果客人刚刚离开灯红酒绿的大都会上海，马上就来到被称作远东威尼斯的南通，常常感到失望和幻想破灭。认为把南通称作模范城实在是言过其实。要认识南通，最好先到其他一些中国人建设的城市去看看，因为价值是比较的产物。比较之后人们也许更容易接受这样一些事实，比如更好的建筑、更宽更干净的街道、众多的学校和企业，而这些都是构成模范城的元素。

  那个时期南通被中外人士盛誉为模范城，但"远东威尼斯"的提法倒是不常看见，白美华的观点想必有她的道理。在白美华留下的文字和照片里，对南通的水环境着墨不少。还是在这篇文章中，白美华描述她站在南通著名的狼山上，眺望不远处的长江："扬子江奔腾着，带有泥沙的江水在阳光的照耀下，闪着金光。在扬子江宽阔的怀抱中的，是不时驶过的老式的沙船和现代化的蒸汽船。山后的田野仿佛一个微雕，布满了绿色的方块，或许是稻米，但通常是小麦、大豆、棉花，其间银丝般的河流交错纵横，沿河一排排的垂柳。簇簇房屋、团团青翠，一直延伸到无尽的远方。"20世纪初的南通城水网纵横，水路交通是南通与外界联络的主要手段。白美华曾经撰文介绍基督教牧师去近郊布道的情形，她说："南通与其四周的乡村，通过水道连接在一起，使得来往其间既经济又方便。"她详细地描述了牧师坐着船，一路从南通到石港再到马塘最后抵达川港的经历，她的文章的配图就是行驶在内河里的可以居住的小船（House boat），现在还能在耶鲁大学白美华的档案里，看到类似的照片。看来白美华对南通的水网环境情有独钟。

第四章 征集与补充

通过多年与张謇的交往，白美华在《南通，著名的中国模范城，被誉为远东的威尼斯》里认为：

使得南通与众不同的因素之一在于它是尊敬的张謇先生的家乡。多年来，张謇先生是世所公认的著名学者和慈善家。南通的现代化进步源于张謇先生的决策。他在北京任农商部长时，试图从国家层面改善中国的社会状况。后来他的救国理念发生了转变，对之前的救国方案反其道而行之。他听说美国的建立和繁荣始于各个小州。各州发展迅速、秩序井然，从而组成一个伟大的国家。他认为中华民国要实现繁荣富强，最有效的方案便是：首先在强有力的地方政府领导下，把各个县建设好，相应的省份就能够强大起来，通过这些现代化的省份之间的相互合作，一个理想的国家就水到渠成了。因此张謇先生以其卓越的才智，全身心地致力于南通的建设事业，将之建设成模范之地。为此，张謇着力于教育和实业两个领域，希望由此启迪民智，改善民生。这样的宏图需要长时期的和平环境。南通地理上相对孤立，加之对各路军阀敬而远之，为自己创造了发展良机。

在一篇名为《南通》（"NANTUNGCHOW"）的手稿中，白美华全面地回顾她与高诚身在南通16年的经历，里面提到的两个故事，分别是关于1919年夏天南通遭遇霍乱和1920年美国哲学家杜威的南通之行，从亲历者的角度，为后人提供了生动的细节。

1919年夏天，荷兰水利工程师特来克在遥望港九门闸工地染上霍乱，不幸去世，年仅29岁。这一年霍乱肆虐，在《南通》一文中，白美华讲述她的体验，从中可以了解霍乱的严重程度：

1919年夏，南通霍乱肆虐。我们匆忙从庐山下来医救，因为海格门博士休假回家，医院里只有一名中国医生。除了罐装的麦芽酒，我们不再购买肉、猪油、黄油、面包、牛奶等食物,因为霍乱就在身边,苍蝇们很是讨厌——正是苍蝇携带病菌。用来盛放食物、端上餐桌的烹饪器、盘子、刀叉、勺子都经过烫洗;在使用前,它们一直浸泡在开水中,用时也无需擦拭。此方法是高诚身多年前回南京时从马林博士那儿学到的。这也许过于小心了,但至少我们知道自己是安全的。

1920年6月5日至8日,杜威在南通访问,白美华回忆道:"杜威博士、杜威夫人及其两个女儿在南通逗留的四天里,我们邀请他们来做客。"白美华在《南通》里揭示,即使是在南通社会发展到被誉为模范城的1920年,轻视女性的思想在南通上层绅商中依然根深蒂固。白美华说:"我清楚地记得,杜威夫人对于我们女性未被邀请参加商会为其丈夫准备的午宴颇为气愤。参加这样的宴会中的一些古板守旧的老先生,甚至从孩提时候开始,就没有跟女人同桌吃过饭。可杜威夫人实在无法理解。"白美华补充:"我记得当时天很热,杜威博士在南通的最后一天里牙疼得厉害,十分难受。"

《世界召唤》是美国基督会1919年创办的月刊(其中7月与8月为合刊),主要登载基督会成员在世界各地传教的情况以及见闻,1973年终刊。我们查阅了1919年至1950年的《世界召唤》,回国后经整理,选取其中的65篇文章,汇编成《〈世界召唤〉中的南通》。《〈世界召唤〉中的南通》得到章开沅文化交流基金会的资助,只是某些技术原因,尚未正式出版。

《世界召唤》上有关张謇和近代南通的报道,都是生活和工作在南通的基督会传教士的亲身体验和直接观察,是对当时南通社会状况的直接记录,弥补了相关档案与资料的空白,其中包括直接论及张謇的6篇文章。

《世界召唤》1919—1927年间论及张謇的文章

	篇名	作者	刊期	页码
1	中国南通的工作进展 Progress in Nantungchow, China	高诚身 Frank Garrett	1919年3月	第50–51页
2	南通的进步与隐忧 Progress and Problems of Nantungchow	高诚身 Frank Garrett	1921年3月	第56页
3	聚光灯下的南通 Nantungchow in the Limelight	华莱士·C.培根 Wallace C. Bacon	1921年6月	第27–30页
4	扬帆中国 Setting China's Sails	华莱士·C.培根 Wallace C. Bacon	1924年6月	第7–9页
5	中国的模范城市 The Model City of China	未署名	1925年4月	第50页
6	救助还是拯救？ Save or Salvage—Which?	白美华 Verna Waugh Garrett	1927年3月	第50页

以上6篇文章，高诚身夫妇就占了一半。其中白美华的《救助还是拯救？》以一个外国人的身份，记录了1926年11月1日张謇出殡的场景：

张謇的葬礼就在接下来的星期一。我们早上4点30分便起了床，6点不到等我们赶到他家的时候，数千名学生和亲朋好友已经组成了送葬队伍。成千上万人沿着街道静静地站立，目送这位为本地区乃至全中国的发展和繁荣作出诸多贡献的伟人最后一程。万人空巷以及人们恭敬的态度,体现了张先生受到的爱戴与尊敬。队伍在大生八厂前面停下脚步,举行了特别仪式,然后继续行进到墓地,地点在离狼山不远处的一个风景秀丽的地方,面朝这座佛教圣山。十二点整棺木下葬。

书架上放置的都是专门从后库运来的《世界召唤》

《世界召唤》创刊号封面

第五章 拓展张謇研究

在历史研究依据的史料中,档案是相对最接近历史真相的文献。南通市档案馆作为国家综合档案馆,保管大生档案的目的,一方面在于物理上尽可能长久地保存这批瑰宝,另一方面则希望社会各界分享这些历史记忆。大生档案数量多,时间跨度大,内容涵盖广,是张謇研究的重要依据,也吸引着众多境内外学者前来查阅。笔者接触到的最早到南通市档案馆查阅大生档案的国内学者是马俊亚,他当时就读于苏州大学历史系,时间为1991年,那个时候大生档案尚未全部整理完毕,并未对外开放。据南通市档案馆所存档案,较早利用大生档案的境外学者,有1994年上海社会科学院介绍的英国牛津大学的柯丽莎(沪社科94237号),1995年南京大学介绍的日本东京大学的佐佐波智子和美国哈佛大学的白梅瑞(南留发9512017号)。张謇研究固然已经取得很多成就,但仍有不少领域需要开拓和深化,如张謇从事机器生产、兴办新式教育和慈善事业,其思想认识、知识结构是如何形成和深化的,大生档案可以助一臂之力。

第一节　顾延卿的法国来信

张謇的西学思想是从哪里来的？这是一个非常有意思，也是很多人希望探寻答案的问题。张謇是读四书五经，通过科举之路高中状元，获取功名的。张謇在机器生产、新式教育方面取得显著的成就，是他充分学习西学思想的结果，说明他在坚守中华传统文化的基础上，秉持包容、开放的心态。那些读过的书、走过的路、交过的朋友，都是张謇用以体验、感悟、汲取新知的过程。通过与友人的交流，张謇可以开阔眼界。借助他们的双眼，获得远方的资讯，特别是海外的情况。顾延卿称得上是张謇的益友中，突出的一员。

顾延卿（1848—1917），名锡爵，字延卿，江苏如皋人。据《啬翁自订年谱》，张謇在1869年16岁时与顾延卿结识并成为朋友。1881年，张謇在《寿顾母七十序》中感慨："居同域、少同学、长相亲而志相求者，曰顾延卿、范肯堂。"[1]范肯堂即范当世。张謇认为，住在同一地方，年少时一同研学，长大了志同道合者，就数顾延卿和范肯堂。

1879年，顾延卿入两广总督张树声（1824—1884）幕府。光绪八年（1882）三月，李鸿章母丧回家丁忧，张树声署理直隶总督兼北洋大臣，次年农历六月回任两广总督，署理一年零三个月，顾延卿随行。张树声1884年因病辞去两广总督，不久去世。1889年薛福成（1838—1894）任出使英、法、比、意四国大臣，顾延卿作为随员，第二年年初坐海轮赴任。

顾延卿1890年在法国给张謇写了一封信，这是他出使期间给张謇的第一封信，也是笔者见到的唯一的顾延卿致张

---

[1]张謇：《寿顾母七十序》，《张謇全集》（6），第39-40页。

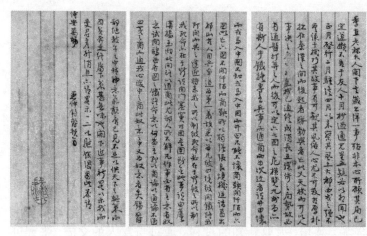

1890年顾延卿致张謇函

謇信函的原件。学者以往研究顾延卿出使期间与张謇的交流情况，只能从1891年8月31日张謇给顾延卿的信中探求和揣摩。顾延卿的法国来信，对于研究顾延卿在法国的经历及其感悟，研究顾延卿与张謇的交谊，都是弥足珍贵的文献。

从信中顾延卿"正月启行，二月驻法，四月以来，察其风土"推测，1890年顾延卿到达法国后，稍事休整，农历四月开始在各处参观，应该是在考察告一段落后，给张謇写的信。就张謇日记记载，张謇先后在1890年11月16日、1892年7月12日和9月25日收到过顾延卿的域外来信。笔者倾向于张謇1890年11月16日收到的，就是本文所述的这封信。

顾延卿在信里，首先是对出洋一事之前没有告诉张謇的原因，略微解释了一下，是因为"非本心所愿，其局已定，遂懒不告于友人"。出洋在那个年代是一件大事，顾延卿与张謇又是多年的好友，理应跟张謇通报一下。看来顾延卿有什么隐情，不便告诉张謇。信里还提及上一年"十月秒过通，见星五，疑必以相闻也"。顾延卿上年农历十月末经过南通，见到星五，他认为星五应该也会把消息告诉张謇的，这大概是找一个台阶。

顾延卿信中最核心的内容,是他流露出的观点:"大都西戎之强,不尽缘于机巧。其政事有可观,其风俗人心尤不可及。"顾延卿认为,西方列强的强大,不仅仅是坚船利炮,还在于其制度的优越,特别是社会风尚无法企及。顾延卿的观点与晚清外交官郭嵩焘很接近。郭嵩焘是中国第一位出使英国的大臣,他认为"泰西富强,具有本末,所置一切机器恃以利用致远,则末中之末"。[1]郭嵩焘重视道德的作用,提出"凡为富强,必有其本。人心风俗政教之积,其本也",[2]他把人心、风俗视为国家富强的根本,对当时社会因循守旧、科学素质低下的现状进行抨击。

顾延卿的观点,未必是在法国短短几个月时间里骤然形成的。顾延卿在张树声幕府,曾处理涉外事务,对于中国落后的问题,当然有过探寻。亲身欧洲,所见所闻,必然冲击更大,所思所想也就及时地与张謇分享。张謇后来积极从事社会变革,视立宪为生平最看重的一件事情,把教育看作是启迪民智、富强国家的根本,想来与顾延卿的见闻和感受不无关系。

铁路也是顾延卿重点关注的对象,在给张謇的信里,他提出"铁路专主兵事,而通商为次"。顾延卿的理念是,铁路的功能,首先用于军事目的,就像古时候作战,交通上的优势会带来军事上的胜利,"张良烧栈道,诸葛出祁山,古人用兵争道为第一意"。顾延卿所处的时代,中国面临着西方列强的欺凌,战事频仍,因此更多地考虑铁路的军事用途,

---

[1]郭嵩焘:《致李鸿章(光绪十五年)》,梁小进主编:《郭嵩焘全集(13)》,岳麓书社2018年版,第457-460页。
[2]郭嵩焘:《复姚彦嘉(光绪五年四月)》,《郭嵩焘全集(13)》,第367-370页。

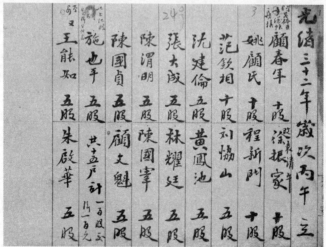

大生沪帐房代苏省铁路公司招股的账册

是可以理解的。顾延卿倾向优先在"四境",即沿海、边境地区兴修铁路。一旦发生战事,通过铁路可以快速应敌,铁路会成为战争的生死线,他认为试图通过关门闭户,求得安全,实际是一种幻想。所以对清政府建设卢汉铁路,"谓由芦沟桥至湖北开路以通商,此尤鄙人所不解"。顾延卿对此疑惑不解,觉得即使就通商而言,卢汉铁路只是方便内陆地区的商品流通,起不到与外国贸易的作用。

1895年起草的《代鄂督条陈立国自强疏》[1](其作者是不是张謇,还存在不同意见)最后部分讲到修建铁路问题,提及"外国铁路要义,利商与利兵两大端并重",这个观念倒是与顾延卿的大致相同,也为研究张謇是否参与《代鄂督条陈立国自强疏》的写作,提供一个新的切入点。有学者认为《代鄂督条陈立国自强疏》部分主张和不少具体规划,超过张謇当时的认识水平和教育范畴,比如卢汉铁路的建设问题。尽管《代鄂督条陈立国自强疏》认为卢汉铁路"兵商兼利,此为中国铁路大纲","中国应开铁路之地甚多,当以卢汉一路为先务",在卢汉铁路重要性问题上,与顾延卿的主张不同,但是至少在5年之前,顾延卿就与张謇探讨过卢汉铁路事宜,可见张謇对于铁路问题,较早就有所认识。早年,特别是1895年投身实业之前,张謇到底通过哪些途径,掌握了哪些西学知识,目前学界了解不多。从顾延卿给张謇的信看,张謇对西学的了解也许远远超出我们的想象。张謇所处时代,了解西学的渠道颇多,有识之士也不在少数,以张謇的思想认识和学习能力,应该接受多方面的影响。这个谜团的解决,有待我们不断地挖掘新的史料。

---

[1]《张謇全集》(1),第15-25页。

第二节　怀德堂和南通新育婴堂

张謇认为:"国家之强,本于自治,自治之本,在实业、教育,而弥缝其不及者,惟赖慈善。"[1]张謇在南通早期现代化的实践中,实业和教育是其核心内容,期待慈善能够覆盖实业和教育没能惠及的群体。1919年在美国印第安纳波利斯印刷的《中国的召唤》(The Call of China)一书中,作者查尔斯·T.保罗(Charles T. Paul)赞誉张謇为"全中国最慷慨、最热心公益"之人士,"张謇在当地主导的市政建设以及公益项目,使南通成为了许多省市的瞩目之处,为这个刚萌发民主嫩芽国家里的富人树立了爱国主义与利他主义的新榜样"。[2]

张謇的慈善思想,既来源于中华传统文化,也吸收了西方慈善实践的有益之处。张謇1901年所作的《上海怀德堂记》,以及借鉴土山湾孤儿院的经验,设立南通新育婴堂的过程,对研究张謇慈善思想的形成,提供了新的视角。

1901年,张謇曾感慨道,自咸丰、同治以来,浙江富商中,"能以风义自树立于当时者",有杭州的胡雪岩、宁波的叶澄衷和南浔的刘镛三人。[3]风义的字面意思可以理解为道义和情义,这里特指胡雪岩、叶澄衷和刘镛在致富之后,乐善好施,通过慈善回报社会。叶澄衷是宁波帮在上海经商

---

[1]张謇:《呈筹备自治基金拟领荒荡地分期缴价缮具单册请批示施行文》,《张謇全集》(1),第430-441页。

[2]南通市档案局(馆)编:《西方人眼中的民国南通》,山东画报出版社2012年版,第4页。

[3]张謇:《清通奉大夫工部郎中加五级南浔刘公墓志铭》,《张謇全集》(艺文杂著),第289-291页。

的代表人物，张謇和叶澄衷是商业合作伙伴，叶澄衷所办的老顺记和义昌成是早期大生纱厂所需五金的供应商。叶澄衷捐资创办澄衷蒙学堂的实践，感动了张謇，叶澄衷出于对员工的抚恤而设立的怀德堂，也影响了张謇。

叶澄衷（1840—1899），浙江镇海人，原名成忠，字家泰，后改名澄衷。叶澄衷家境贫寒，8岁丧父。9岁进本村的私塾读书，不到半年就因贫辍学，与母兄一起在田间耕作。11岁时到一家油坊当学徒，3年后辞职回家。1854年，母亲洪氏以田里未成熟的秋谷作为抵押，筹足盘缠，让叶澄衷跟随同乡、在上海等地打拼的倪先生，去上海讨生活。到上海后，叶澄衷先在一家成衣铺做学徒；后又到一家杂货铺做工，店主安排叶澄衷每天摇着一叶小舢板船，向停泊在黄浦江上的外国船舶兜售日用品。这段经历使得叶澄衷学会了"洋泾浜"英语，更深刻影响乃至改变了叶澄衷之后的职业生涯。叶澄衷后来脱离杂货铺，继续从事与外国船舶的小买卖。他发现外国轮船上有一些废旧的五金件，这些物件还有使用价值，敏感地觉得如果稍加处理可以出售牟利，而船员也乐得与叶澄衷易货交换。叶澄衷于是雇人设摊，出售旧五金，逐渐发达起来，最终于1862年在上海虹口创办顺记洋货号，是上海第一家经营进口五金商品的华资商号。1876年，叶澄衷又开设新顺记洋货号，原顺记洋货号改名老顺记洋货号。叶澄衷在上海开设老顺记、新顺记、南顺记和义昌成，还在天津、汉口、宁波、九江、烟台、镇江、芜湖、营口、三和等地先后开设顺记分号，成为名噪一时的五金大王。以经营五金起家，叶澄衷涉足水运、火油、火柴、缫丝、房地产、钱庄等行当，富甲一方，成为清末著名的实业家。

张謇创办大生纱厂时，机器生产对于通州来说是新鲜事物，所有机器物料均来自上海。光绪二十三年嘉平月廿四日，即1898年1月16日，大生沪所给义昌成送去货款590.77

两。9月28日，大生沪所的送银回单清册上，又出现了老顺记，[1]说明叶澄衷很早就成为大生纱厂的供应商之一。据大生驻沪事务所的总录（相当于会计分类账），大生驻沪事务所于光绪二十四年（1898）、二十五年（1899）分别支付给老顺记4笔、18笔货款。[2]

1899年，叶澄衷生命的最后一年。回顾自己半生艰苦，自惭学问未深，于是决定在虹口设立学堂，延聘名师，让清寒子弟有机会接受教育。叶澄衷捐出张家湾土地28亩，规银10万两，委托樊棻等7位怀德堂董事负责筹建。11月5日叶澄衷去世。1900年6月24日，澄衷蒙学堂动工兴建。后来叶澄衷长子叶贻鉴为完成父亲的遗愿，捐资规银10万两，确保学堂顺利落成。1901年4月16日，澄衷蒙学堂开学。第一任校长刘树屏撰写《澄衷蒙学堂落成记》，由张謇书写，铭刻成碑。

澄衷蒙学堂是上海民办的第一所班级授课制新式学堂，为叶澄衷赢得了广泛的声誉，1902年光绪皇帝御笔书写"启蒙种德"匾额，叶澄衷还与武训、杨斯盛一起被后人称为"近世兴学三伟人"。对于叶澄衷的义举，张謇用他系统的办学行为呼应着，也在文字里表达着对叶澄衷的称许。光绪三十三年（1907）三月张謇在致江苏按察使朱家宝的信中，专门提道：

美人有痛其子施丹福早逝者，捐家资数千万建一大学院，即以其子之名名之，至今有声于美洲。叶澄衷商也，杨斯盛工也，以寒微致富，自痛其少贱失学，叶捐数十万，杨捐十数万，亟亟兴学。世人称施丹福之父贤耳，称叶、杨贤耳，未有非之者也。[3]

---

[1] B401-311-4。
[2] B401-311-26。
[3] 张謇：《致朱家宝函》，《张謇全集》（2），第213-214页。

张謇写信给朱家宝的目的,是希望朱家宝效仿美国斯坦福的父母,以及叶澄衷和杨斯盛,捐家资兴办盲哑学堂。张謇把叶澄衷捐资兴学的行为称作"贤",《庄子·徐无鬼》有"以财分人之谓贤",即富于道德的人。1908年6月8日,张謇挽杨斯盛联,还提及叶澄衷:"视叶澄衷尤难,罄其资财,九死不忘,成一中学;与曾少卿相继,哀哉乡国,十日之内,失两杰人。"[1]

澄衷蒙学堂曾投资张謇创办的通海垦牧公司70股,计7 000两,据大生档案记载,这笔投资款是樊棻于光绪二十七年十月初一(1901年11月11日)亲手交到,股票编号为第1 484至1 553号。[2]

叶澄衷发迹以后,热心慈善。他参与旅沪同乡组织四明公所的各项慈善活动,在家乡兴建叶氏义庄。特别值得称道的是他设立的怀德堂,是对企业困难员工抚恤的内部互助性质的慈善机构。抚恤对象为员工病故而家贫者,因公殉职或致残者,工作满12年年迈或久病,又家贫无子或虽有子孙但不得力者。经费来源一方面是叶澄衷旗下各商号共同筹集的洋2万元,另一方面是企业员工每人每天献出一文钱,多助不限。由老顺记、南顺记、义昌成等6家商号经理为怀德堂董事,轮流主持。

张謇在光绪二十七年四月二十一日(1901年6月7日)的日记中记载:"作镇海叶氏《上海怀德堂记》。"这篇文章因为没有收录到《张季子九录》,也未见于新旧两版的《张謇全集》,因此不大为人所知,却是研究张謇慈善思想形成的重要文献。

张謇认为天下没有人能不依靠别人的帮助而成事,他引

---

[1] 张謇:《挽杨斯盛》,《张謇全集》(7),第508页。

[2] B418-111-4、B418-111-6、B418-111-11。

上海懷德堂記
翰林院修撰通州張　謇撰
天下有不資人而能成事者乎自匹夫以上不能詩曰伐木丁丁鳥鳴嚶嚶言自天子至庶人未有不須友以成者夷其等而概之資其人斯友其人也資人而事成矣同其苦而樂焉能得人乎自侯王以上不能詩曰將恐將懼惟予與女將安將樂女轉棄予言天下俗薄朋友道絕棄恩忘舊而不可爲也古之君人者知之矣周禮凡死政之老孤遺人以門關委積養之司門舉犯禁之財物養之春有饗焉冬有恤焉禮有加於凡孤獨鰥寡之常儀也傳所

葉公澄衷榮哀錄　張記一　懷德堂排印

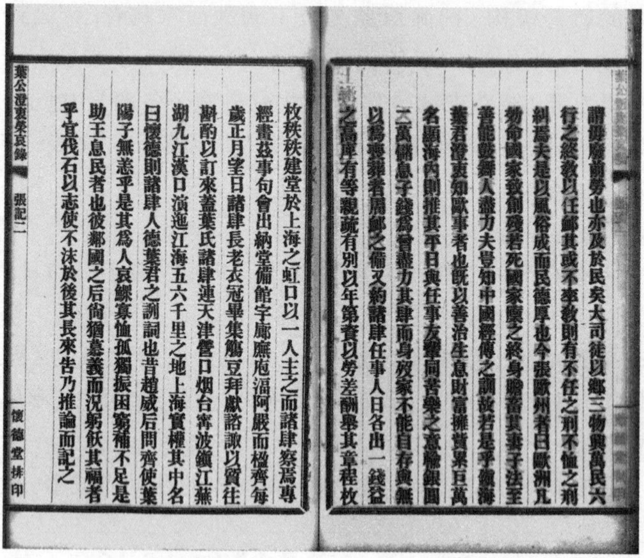
謂撫摩前勞也亦及於民矣大司徒以鄉三物興萬民六行之終教以任卹其或不率教則有不任之刑不恤之刑糾焉夫是以風俗成而民德厚也今張歐州者曰歐洲凡物命國家致傷殘若死國家賻之終身贍養其妻子法至善能數擧人盡力夫豈知中國經傳之訓故若是乎寧海葉君澄衷知歐事者也既以善治生息財富擁貲累巨萬名顯海內則推其平日與任事友肆同苦樂之意輸銀圓二萬儲息子錢爲會贍力其肆而身歿家不能自存與無以爲喪葬者屬鄉之備又約諸肆任事人日各出一錢益之高厚有等親疏有別以年第資以勞差酬擧其章程枚

枚秩秩建堂於上海之虹口以一人主之而諸肆察焉專經費茲事旬會出納堂備館宇廊廡庖湢阿嚴而楹齊每歲正月望日諸肆長老衣冠畢集觴豆拜獻諮諏以質往斟酌以訂來蓋葉氏諸肆連天津營口烟台甯波鎭江蕪湖九江漢口演迤江海五六千里之地上海實權其中名曰懷德則諸肆人德葉君之訓詞也昔趙威后問齊使葉陽子無恙乎是其爲人哀鰥寡恤孤獨振困窮補不足是助王息民者也彼鄰國之后尚猶慕義而況躬飫其福者乎宜伐石以志使不沫於後其長來告乃推論而記之

葉公澄衷榮哀錄　張記二　懷德堂排印

张謇撰《上海怀德堂记》，载《叶公澄衷荣哀录》，原件藏上海市图书馆用"伐木丁丁,鸟鸣嘤嘤",这是《诗经·小雅》中的一句诗,紧跟这句的是"出自幽谷,迁于乔木。嘤其鸣矣,求其友声。相彼鸟矣,犹求友声"。张謇的意思是鸟儿都需要朋友,何况是人呢?张謇接着指出,得到别人的帮助事成后,只能与人共苦,不能与人同甘,也就是不能让别人分享成果,能得人心吗?《诗经·谷风》有"将恐将惧,惟予与女;将安将乐,女转弃予"。即在恐惧的时候,我和你在一起,而到了安乐的时候,你却遗弃了我,这种弃恩忘旧的行为不可取。

在阐述了人与人之间互助、知恩图报的必要性后,张謇以《周礼》为例,认为中国的礼制中很早就对孤独鳏寡人群有抚恤制度。如为国家而死的人的老孤遗属,国家不时有食物上的优抚,算是对牺牲者所做贡献的褒奖。负责赋税的征收与管理的大司徒,以德、行、艺来教化民众,并荐举贤能的人,其中的"行"包括孝、友、睦、姻、任、恤等六个方面,恤即救贫济困。对于不信任和不善待朋友的行为、见灾危而不忧恤的行为,大司徒可用刑罚来纠察,以养成良好的民风,提高民众的道德。

张謇接下来谈到欧洲,凡是为国效力致残的,国家会给予终身补助,而为国捐躯的,国家会赡养其遗孀和孩子,以鼓舞人们的士气。张謇认为,其实中国的古训里也有这样的思想,而叶澄衷对欧洲的有关抚恤的情况比较了解,借鉴了欧洲的有关做法,在致富之后,设立怀德堂,有与员工同甘共苦之意。

张謇推崇叶澄衷的善举,认为值得记录和流传下去。张謇用了《战国策》中赵威后问齐使的典故。齐王派遣使者来问候赵威后,赵威后问齐使,叶阳子还好吗?叶阳子怜悯那些丧妻失夫的人,抚恤孤儿和独身老人,救济贫困穷苦的百姓,补助他们衣食的不足,这是帮齐王安定百姓啊。张謇感慨道,邻国的王后都称许这样道德高尚的人,何况直接得到福润的人们呢?

上海徐家汇的土山湾孤儿院,对于张謇的慈善实践起到启迪和引导的作用。张謇提倡设立的南通新育婴堂,其管理理念,就是参照土山湾孤儿院教养结合的模式。土山湾位于徐家汇的南边。因为在疏浚肇嘉浜时,将淤泥堆积形成土丘,山丘的东南肇嘉浜"细流迂迴其间,乡人即合土丘与曲水而名之为土山湾"。[1]

1863年,江南耶稣会会长鄂约瑟购得土山湾十余亩地,平整土山,建造孤儿院,安顿青浦横塘和上海董家渡孤儿院搬来的孤儿。1864年11月22日,孤儿入住,标志着土山湾孤儿院开始运作。土山湾孤儿院先后建立起慈母堂、小学校和木工部、五金部、中西鞋作、图画馆、印刷所、照相馆等部门,创造了中西文化交流史上诸多的第一:最早出品彩绘玻璃、最早开办照相馆、最早在中国组建西洋画室、最早组建由中国人组成的管弦乐队、最早采用石印和玻璃版技术。

土山湾孤儿院"其性质与育婴堂相似,但育婴堂养而不教,此则教而兼养者也"[2]。"孤儿院迁到土山湾以后,环境适宜,于是救济孤儿事业,就有正常的发展,不单作消极的救济,并进而注力于积极的教养,因此添设工场,一方面训练孤儿,使学得谋生必要的技艺,另一方面使孤儿长大成人后,即不出院,也可由工作自谋生计。"[3]这也是土山湾孤儿院在艺术上成就斐然的基础。

1905年年初,张謇在《南通新育婴堂发起原案呈》中提

---

[1]《上海第一个孤儿院——土山湾孤儿院巡礼(一)》,《申报》1943年7月25日,第3版。
[2]《考察土山湾工艺局纪要》,《申报》1917年7月11日,第11版。
[3]《上海第一个孤儿院——土山湾孤儿院巡礼(二)》,《申报》1943年7月26日,第2版。

及："拟即在此造立婴堂，建筑另图绘式，办法参照上海徐家汇教会婴堂，斟酌去取，另行妥订章程。"[1] 张謇发起的南通新育婴堂位于唐家闸鱼池港，在婴儿抚养和育婴堂建筑两方面，吸取了土山湾孤儿院的经验。

土山湾孤儿院采取慈善和半工半读相结合的模式。孤儿6岁前由育婴堂的嬷嬷抚育，7岁左右开始先上4年初级小学，所学科目与普通学校一样。随后进入高级小学学习2年，期间除了普通学科之外，每天去各工场初习工艺。高级小学毕业后，升入实习班，除早晚继续学习基础知识外，根据其性情和才能，学习各种工艺，期限为2年。毕业后既可留在土山湾工作，也可由院方介绍外出就业。这样的教育方式，使得孤儿具备基本的文化知识，又有一门足以养家糊口的技艺。

1906年，张謇在《南通新育婴堂募捐启》里讲到"复与同人力去普通婴堂腐败之陋习，参用徐汇教会育婴之良法，开办一载，活婴千余，成效照然矣"[2]，欣慰之情，跃然而出。1915年，张謇在《呈筹备自治基金拟领荒荡地分期缴价缮具单册请批示施行文》中，提及南通新育婴堂，有这样的总结：

光绪三十年，张詧、张謇改建新育婴堂于城西鱼池港，仿上海徐家汇婴堂办法，特别改良。初仅慈善作用，使遗弃之婴得所而已，故以开堂收婴为初步（其购地、建屋、置具共用银二万三千四百余元：詧、謇捐助四分之二，大生纱厂诸执事捐助四分之一，官拨义渡沙滩价四分之一）。

继念婴非徒育而已，道必以教而事非可躐进，于是有保姆传习所、幼稚园、女工传习所、初等小学次第之计画。其序，

---

[1]《张謇全集》（1），第75-76页。
[2]《张謇全集》（5），第105页。

《南通新育婴堂第五次征信录》扉页　《南通新育婴堂第十七次征信录》封面

幼稚园毕业后即入初等小学校,小学毕业就入唐闸工厂习艺。男使可谋生,女使可遣嫁,即听自谋。育婴堂、幼稚园已办甫办之事也,而初等小学则正筹办。又,入学之年须别营工舍为其食宿,各项经费皆在筹画。[1]

　　据《二十年来之南通》介绍,南通新育婴堂以女婴为多,孤儿7岁送入幼稚园,聪颖的孩子之后送入女师附小,毕业后升入女师继续学习,女师毕业生应该具备自立的能力。其他孤儿则进入女工传习所或女子蚕桑讲习所,以此谋生。由于财力、师资的局限,更主要的是环境的迥异,南通新育婴堂的孤儿教育所能达到的高度,是不能与土山湾孤儿院相比的,但其基本指导思想则同出一辙。

[1]《张謇全集》(1),第430-441页。

土山湾孤儿院最早的建筑——土山湾南楼,修建得特别坚固,是上海租界以外少见的精品工程。主要原因是1864年夏季的一个深夜,忽起狂风暴雨,将徐汇公学的学生宿舍吹坍,致学生一死一伤。吸取教训的耶稣会,对接下来的孤儿院建筑特别注意,加上当时太平天国战乱,许多豪宅被毁,可以买到很多价廉物美的建材。南通的新育婴堂建在唐家闸,"基址高爽,屋宇轩豁,流水清洁,空气疏通",跟以前地处老城区西北低洼地带、东西朝向、低矮逼仄、臭气冲天的旧育婴堂相比,改善很多。

第三节　张孝若收集整理的《父训》

大生档案里珍藏着张謇写给独子张孝若的125封家书,张孝若称之为《父训》。[1]这些家书大致形成于1909年至1915年之间,涵盖张孝若读小学到他赴美游学之前,即张孝若人生中求知、成长的关键阶段。《父训》为亲人之间的私密交流,既是张謇家庭教育理念的集中体现,也是张謇人才观的真实流露。

作为教育家的张謇,在兴办实业取得成功后,通过积极宣传、资金引导、争取官方支持等方式,在南通规划、兴办了较为系统的教育体系,涵盖师范教育、基础教育、职业教育、特殊教育和高等教育。张謇的名字还与震旦学院、复旦公学、南洋公学、吴淞商船学校、中国公学、南京高等师范学校、国立东南大学等学校的创立或发展联系在一起。在为南通内外的教育事业奔走呼号时,他对自己唯一的儿子的教育

---

[1] F001-311-20。

张孝若精心收集整理的《父训》

问题倾尽心血。

1885年张謇参加顺天乡试时,还没有生子,但是卷子上需填三代名字,张謇的父亲就叫他在子名下填"怡祖"二字。直到13年后的1898年,张怡祖(孝若)才出生,张謇时年45岁。中年得子,张謇欣喜若狂,作诗一首:[1]

> 生平万事居人后,开岁初春举一雄。
> 大父命名行卷上,家人趁喜踏歌中。
> 亦求有福堪经乱,不定能奇望作公。
> 及汝成丁我周甲,摩挲双鬓照青铜。

张謇先是自嘲一下"生平万事居人后",这是讲他高中状元已经41岁,42岁开始兴办实业,又这么晚生子,父母都没能见到这个孙子。最后写道"及汝成丁我周甲,摩挲双鬓照青铜",感慨等到儿子成年,自己已经60岁。"我仅一子,

---

[1] 张謇:《戊戌正月十八日儿子怡祖生志喜》,《张謇全集》(7),第107页。

一坏即无后望。我老矣,不得不为久计也。"对于这个独子的培养,张謇自然将倾注全部心血。

1913年张怡祖去青岛读书前夕,张謇为儿子取字孝若。望子成龙是为人父母的心愿,中年得子的张謇对儿子的期盼里,还含望子承父业、挑起大梁的核心内涵。"父今日之为大局,为公益,皆儿他日之基本。""父老矣,只儿一人为父之代也。"张謇告诫张孝若要提高学识,并表达将儿子送到青岛读书的苦衷:"儿如今日学已毕业,随父出入数年,早晚可以聚处,岂非至美?而事实未能。又当此倾乱之世,若无学识,奚能自持?而近处又无相宜之校,使儿孤身远客,父亦有不得已者在也。"

张謇对儿子的培养有着明确的路径。1904年3月14日,张謇在海门常乐开设的家塾开学。家塾其实为张孝若而设,兼及"族戚邻里之儿女",总共有10个孩子入学。张謇聘请日籍教师森田政子(其丈夫吉泽嘉寿之丞是通州师范学校的教师)教授体操、算术、音乐、图画,兼习幼稚游戏;又延聘本国教师教授修身、国文课程。张孝若开始接受课堂教学。张謇制定的家塾章程中,明确提出"谋体育、德育、智育之本,基于蒙养,而尤在就儿童所已知,振起其受教育之兴味,使之易晓而直觉"。[1]就是说对人的培养,体育、德育和智育是核心内容,在启蒙阶段就要打好基础。日后在家书中张謇又曾提及这一点:"自儿娘娘去世,父在外无日不念及儿之学问、德行、体气。"

张孝若在第二年的农历八月入读通州师范学校附属小学,一直到1912年。1913年2月,张孝若赴中德合办的青岛特别高等专门学堂就读,6月回南通,9月改学于上海的震旦学院。这个阶段的学习,张謇希望张孝若能学好英语,为日后

---

[1] 张謇:《扶海垞家塾章程》,《张謇全集》(5),第53—55页。

的留学做准备。留学的目的地是欧美,学习的方向是实用技术。1917年,张孝若赴美游学。他1917年12月10日在《通海新报》刊登的启事提及,"插入矮容商业专门高等学校三年级,并日至纱厂实习管理法"。张孝若1918年回国,先后担任南通淮海实业银行总经理、南通县自治会会长、大生第一纺织公司董事长等职。

张孝若在《南通张季直先生传记》中写道:"我有好几回离开我父,出外游学游历有事,少则三二月,多则一两年,我父总有家信给我:问我求学身体情形;告诉我国事家事怎样;教我要注重农事;诫我勿热中好名。严正之中寓慈爱之情,封封如此,我每回接到我父的信,都要看上几遍几十遍。"[1]

1909年至1915年,张孝若11岁至17岁,是养成人格、强

1909年4月7日张謇告诫张孝若"儿能做者,须自己做,切勿习懒"

---

[1]张孝若:《南通张季直先生传记》,第499页。

健体格和汲取新知的关键期。这个阶段也是中国社会剧烈变革的时候,清帝退位,民国肇始。对于张謇来说,正处于他人生的另一个巅峰期,他在南通经营的各项事业渐入佳境,在国内政治舞台上也拥有一席之地。张謇出任北洋政府的农商总长,则是希望将自己在南通的现代化实践在更大的范围内推广。尽管日理万机,张孝若始终是张謇的牵挂,"父在外终日不闲,一到晚间无客不办事时,便念我儿。年老远客,于骨肉之人记念尤切也"。张謇希望儿子"须耐心向学,不必忧寂寞"。张孝若的来信,"以儿所叙,能使父如在家庭,如行通海间村路也",让张謇一解思念家乡和亲人之苦。

张孝若曾专门将其父写给自己的信整理成册,命名为《父训》,共分三卷。其"卷一"的大部分,形成于张孝若就读通州师范学校附属小学期间,从48封信中可看出,张謇特别注重张孝若良好行为习惯的养成。

儿童时期的张孝若,自然有着孩子普遍存在的天性,比如贪玩。张謇离家的时候,会要求张孝若给他写信。一般半个月写两封信,一封给张謇,一封寄到海门常乐老家。信的内容"不须繁,须实"。张孝若的来信,张謇都会仔细阅读,一方面是聊解思儿之情,另一方面还认真修改,提出意见,再寄回张孝若,借以提升其子的认知能力和语言表达水平。有一次张孝若偷懒,叫他的伴读许泽初(德润)给其父写信。张謇在1909年4月7日的信中,对此进行严肃的批评:"儿所不会做者,交德润做。儿能做者,须自己做,切勿习懒。记得儿五六岁,吃饭拿凳皆要自己做,别人做辄哭,可见儿本性是勤。现在寄父之讯,尚托人写,是渐渐向懒,此大病也。儿须痛改。"

《父训》"卷二(时旅青岛大学)"共有30封信,除最后一封外,均形成于张孝若在青岛特别高等专门学堂求学时期。青岛特别高等专门学堂于1909年由中德两国合办,是中国历史上第一所中外政府合办的大学,又称德华大学。

德华大学的课程设置,是打动张謇的根本。德华大学设豫科(相当于中学教育水准)和正科(本科教育),豫科5年,课程既包括西学,如算学、格致、化学、植物、动物、各国历史地志等,也包括中学,即经学、文学、人伦道德、历史、舆地等。正科包括法政科、医科、工科和农林科,中学内容亦贯穿始终。这种中西合璧的课程设置,完全符合张謇对人才培养的要求,就是以中国传统文化作为立身处世的根基,又能掌握现代科学知识,洞察世界风云。张孝若第一次远行,张謇劝勉儿子要耐住寂寞:"父初作客时孤寂如儿,今日儿去家益远,儿须自重自爱。"张謇后来听闻德华大学校风不善,又激励儿子"若儿能自立,能择友,安在不能成学?"

《父训》"卷三(时父任国务员旅京师)",有47封信,

1915年2月2日张謇勉励张孝若"儿须知无子弟不可为家,无人才不可为国。努力学问,厚养志气,以待为国雪耻"

除个别信件外,为张謇在北京担任农商总长和全国水利局总裁时期所写。随着张孝若的日渐长大,张謇开始有意识地提高儿子的管理能力,如在信中吩咐儿子在学习之余,到师范学校、农校、博物苑、图书馆等处巡视,并将所闻告知。还如就濠南别业、平安花竹馆等工程事项,督促相关人员认真推进。张謇所处京城,"所闻无佳状","若乘漏舟在大风涛中",深深为国运而忧虑。他嘱咐张孝若"时时体察国势之未安,父境之艰巨,及儿将来负荷之重大",以此培养其子的责任感和使命感。

爱国情怀,是张謇企业家精神中最核心的成分。张謇通过家书传递对张孝若的牵挂,更多的是鞭策和激励。张孝若在《南通张季直先生传记》中饱含深情地回忆父亲:"望我成立做人,比什么也殷切,导我于正,无微不至。"[1]而其中的核心,是培养张孝若的爱国情怀。

张謇身处中国大变局的时代,即所谓"不幸生当中国上下不接时代",[2]张謇用"上下不接"来形容当时中国社会的积贫积弱。光绪二十一年四月六日(1895年4月30日),张謇获知《马关条约》的条文,悲愤地在日记中写道:"和约十款,几罄中国之膏血,国体之得失无论矣。"《马关条约》割地赔款,丧权辱国,是促使张謇日后投身实业,进而兴办教育和社会公益事业的重要因素,他走的是一条实业救国和教育救国的道路。当日本威逼利诱北洋政府签订"二十一条"的消息传来,张謇在家书中激励张孝若:"儿须知无子弟不可为家,无人才不可为国。努力学问,厚养志气,以待为国雪耻。"个人成才,才能把家庭的责任承担起来,无数

---

[1] 张孝若:《南通张季直先生传记》,第499页。
[2] 张謇:《大生纱厂股东会宣言书》,《张謇全集》(4),第549—552页。

的社会栋梁,是国家强盛的根基。张謇以此教育儿子把个人的命运与国家的前途联系起来。

张謇通过脚踏实地的作为去践行爱国热忱,这可以通过他1924年撰写的《垦牧乡志》里的一段话来体会:"自以为士负国家之责,必自其乡里始,而兴教育必资于实业,故借通海棉产,先从事于纺棉。然不事农广植棉,无以厚自给之力。"[1]张謇认为,为国分忧,为社会尽职,应当从自己的家乡起步,把桑梓建设好。张謇事业的重心始终在通海地区。张謇把教育视为国富民强的根本,但兴办教育需要资金投入,就得先投身实业,依靠创办实业获得的利润来支撑教育的发展。通海地区盛产棉花,家家户户有纺织土布的传统,张謇实业的切入点就是棉纺织业,标志是大生纱厂的兴办。为保障纱厂原料的稳定供应,张謇积极引导江苏沿海地区广泛开展垦殖事业。

张謇的乡土情结,在家书中时有流露。透过家书,能够深深体会到一个农家子弟对家乡土地深深的眷恋,其中也饱含着对儿子的期许:"父顷在垦牧,觉得可爱之地,可为之地,中国无过于此者。"张謇劝导儿子关注实业:"人非有农工商正业,必不能自立于世,今以所观察,尤愿儿注意农业。""农事须常常留意。"对于儿子学业结束之后的方向,张謇不赞成儿子投身政坛,而是希望从事实业,尤其是农业:"儿宜自勉于学,将来仍当致力于农,此是吾家世业。"

躬身经营乡里,张謇秉持的是世界眼光:"凡百事业,均须有世界之眼光,而后可以择定一国之立足之地;有全国之眼光,而后可以谋一部分之发达。"张謇强调以国际视野去看待问题和解决问题,就是要明晓国际政治形势和经济走向,以通行的贸易规则来经营实业。人才培养方面,张謇

---

[1]张謇:《垦牧乡志》,《张謇全集》(6),第580—587页。

要求儿子登高望远,洞察时变。张謇叮嘱张孝若:"儿须知不能知一国之大势者,不能处一乡。"张謇特别重视学校教育中的英语教学,对张孝若的英语学习也费尽心血。张謇希望儿子日后能担当大任,在为儿子设计的成才路径里,去欧美留学,学习西方的先进技术是重要一环,而英语则必须要在国内打好基础。张謇甚至认为,如果张孝若将来能够掌握三四种外语,那就更好了。为此,张謇曾聘请留美学者、后来曾任外交部长顾维钧秘书的杨仲达,担任张孝若的家庭英语老师。

随着年岁的增长,张謇愈发感觉力不从心,因此渴望能早日把事业的接力棒交给儿子:"父今日之为,皆儿之基业也。""居今之世,若无学问、常识、声望,如何能见重于人,如何能治事,如何能代父?故不得不使儿阅历辛苦,养成人格,然后归而从事于实业、教育二途,以承父之志,此父之苦心也。"张謇希望张孝若"自重自爱","养成一种高尚静远沉毅之风,不至堕入浮嚣浅薄诞妄之路",力戒浮滑习气,待人坦怀相与,誉人不可过,对世事不轻发议论,等等。在学业上,张謇勉励张孝若"勤学须有恒,不可或作或辍"。还要尊重老师,友爱同学,"对教师须温敬,对同学须谦谨"。这些教诲,至今发人深省。

第四节 张謇担保南京临时政府向三井洋行借款

辛亥革命前后,张謇活跃于中国的政治舞台上。1911年12月下旬,为筹措南京临时政府的经费,黄兴向日本三井洋行借款银元30万元,由张謇出具保证书做信用担保,这是南京临时政府的第一笔外债。黄兴借款如何清偿,目前学术界

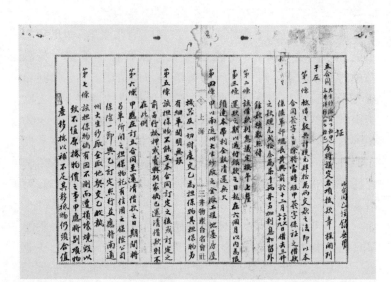

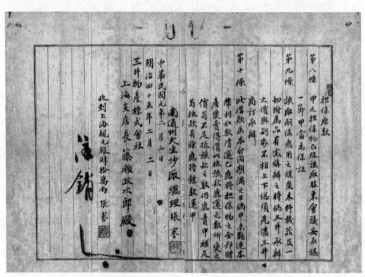

1912年2月2日大生纱厂向三井洋行借款合同

没有研究。大生档案的相关记载,大致可以给出答案。

对于张謇担保黄兴三井借款,一般都引用张孝若在《南通张季直先生传记》中的文字:[1]

保证书

兹因黄君克强为中华民国组织临时政府之费用,向贵行借用上海通行银元三十万元。约定自交款日起一个月归还,并无抵押物。如还期不如约,惟保证人是问。除息率及汇水,由黄君另订条件外,特具此书。三井洋行鉴存。

张謇
黄帝纪元四千六百有九年十一月

1912年2月2日,张謇代表大生纱厂与三井洋行上海支店长藤濑政次郎,签订了一份抵押借款合同。从合同条文看,是用借新债的方式,处理黄兴三井借款这笔旧债。合同原件现存南通市档案馆,档号为B401-111-26。合同原文如下:

证

立合同　大生纱厂(以下称甲)、三井洋行(以下称乙)今将议定各项抵款章程开列于左。

第一条　抵借之数共计规元肆拾万两,交款之法即以本合同签字之日,除将当时经甲签字保证之借款,系陆军部总长黄兴,前于十二月二十七日、二十九日借去三井之款规元贰拾叁万柒仟两并另加利息扣留外,余款核数照付。

第二条　该借款利息议定按年七厘。

第三条　还款之期以付过银款之日起,在六个月以内为限,须连本带利全数清还无欠。

第四条　甲以南通州大生纱厂之全厂工程地基、房屋、机器及一切财产交乙为担保物,其担保物另有细单,开明无误。

第五条　该担保物不能在本合同订定之后或订定之前,

---

[1] 张孝若:《南通张季直先生传记》,第171页。

另行抵押或卖与别家。倘已还清借款则不在此例。

第六条　甲应在订立合同至还清借款之日期间,将另单所开之担保物,托有信用之保险公司保险一节,与乙订定照行,并应将南通州大生纱厂全厂地契交乙收执。

第七条　该担保物倘有因不测而遭损坏、烧毁以致不值原抵物价之事,甲应将别项物产移抵,以补不足,其移抵物仍须合值担保原数。

第八条　甲之担保物已经该厂股东会议妥承认一节,甲当为保证。

第九条　该厂嗣后应用之煤炭、木料、机器及一切附属品有需购办之时,倘三井承办之价与别家不相上下,总须先尽三井商订承办。

第十条　此借款届本合同期满之日,倘甲未能连本带利如数清还,乙应将担保物之全部财产变卖得价,以抵该款应还之数,所变之价苟不足抵该款之数,仍应责甲补足,苟抵款有余,应将余数还甲。

南通州大生纱厂总理张謇
中华民国元年二月二日
明治四十五年二月二日

三井物产株式会社上海支店长藤濑政次郎殿

藤濑政次郎(1867—1927),日本长崎县人,1885年入三井物产会社,1905年出任三井物产会社上海支店长。比较前后两份合同,后者合同的双方是大生纱厂和三井洋行,担保的形式也从前者的信用担保,变更为后者的抵押担保,以大生纱厂的所有资产作为抵押。

事实上,借新债还旧债的谈判早就进行了。1912年1月5日,大生纱厂致大生沪所辛亥年第154号号信中,提到"押款收到,望即兑现洋五万元寄通,余款全留通用,万不可分散。盖厂中拟于下礼拜一开夜工,存花无几,若不多备款

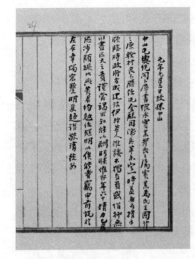
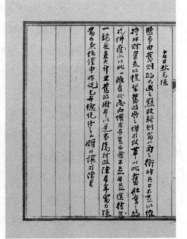

1912年1月3日张謇致孙中山信稿　　1912年1月17日张謇致黄兴信稿

项,必至仍须停工,且押借必须偿还,若一分散,将来即难归偿,务乞留意"。[1]武昌起义后,南通总体社会安定,但经济依然受到一定影响,主要是关庄因观望而对收购土布持谨慎态度,直接导致大生纱厂生产的棉纱出货不畅,资金回笼困难,厂里存棉不多,又无力多购。因此对于向三井洋行借新债,把新债还掉旧债后的多余部分,用作救急的流动资金,大生纱厂是非常期待的。

估计是大生沪所与三井洋行之间沟通不顺畅,张謇日记中记载,1月9日张謇"以筹还款事至沪"。1月13日大生纱厂致大生沪所辛亥年第158号号信,表达了"股票押款不成,厂中大为失望,尚望产业抵押可成,则可免停机"。[2]可见对于借款条件,大生纱厂和三井洋行意见不同,大生纱厂提出以股票抵押的方案,没有得到三井洋行的认同。但出于对资金

---

[1][2] B401-111-12。

的渴求，大生纱厂还是考虑通过资产抵押的方式取得借款。同一天，张謇日记写道："筹还借款事难成，须回厂计议。"这应该是就资产抵押一事与相关人员商议。

之后张謇委托史量才与三井洋行展开谈判，1月17日张謇在大生纱厂致函史量才，希望加快谈判进程，这封信当天从南通寄往上海。[1] 上海光复后，陈其美被推为沪军都督，委任史量才主持"沪关清理处"工作。江苏独立后，张謇应江苏都督程德全的邀请，担任江苏两淮盐政总理，张謇委任史量才主持松江盐务局的工作。

1月26日，大生纱厂致大生沪所辛亥年第164号号信，流露出"押款已可告成，甚慰"的信息。[2] 28日，大生纱厂根据张謇的指示，按照三井洋行的要求，将"厂基地契六张、清单一纸"由专人送到上海。[3] 在等待三井洋行总社同意之后，借款终于告成，张謇日记记载，合同签字时间为1月31日。

按照借款合同，三井洋行提供借款规元40万两，扣除之前已经借给黄兴的规元23.7万两及其利息，余款核数照付。按照当天的洋厘（银元折合规元的市价，英洋7钱9分4厘25，龙洋7钱9分3厘5），规元23.7万两大致相当于洋30万元，即黄兴三井借款张謇保证书中提及的上海通行银元30万元。规元40万两，亦即洋50万元，这与《啬翁自订年谱》所记1912年1月31日"筹款五十万成"吻合。如果这样的话，大生纱厂还可以动用其中的规元16万两左右。

但是根据现有史料，主要是大生纱厂致大生沪所的号信，大生纱厂的抵押借款规元40万两，全部汇给了大生沪

---

[1] 大生纱厂致大生沪所辛亥年第160号号信，B401-111-12。
[2] B401-111-12。
[3] 大生纱厂致大生沪所辛亥年第165号号信，B401-111-12。

所，而且全部经由大生沪所支配，这与借款合同的相关约定相违。

1912年2月2日大生纱厂致大生沪所辛亥年第169号号信中提道："三井款已交到，归厂用廿万两，退公意分四成与分厂用。"[1]退公即张謇，张謇的三哥，是张謇的重要助手，具体负责大生生产经营活动。2月2日大生沪所收到三井洋行的汇款，其中的20万两归大生纱厂使用，张謇同意其中的8万两转给大生分厂使用。另外根据2月10日大生纱厂致大生沪所辛亥年第176号号信"押款除借与盐政处十五万两，沪用五万两，其余廿万两，照退公派定通厂六成"[2]，可以得出大生三井借款的去向，除了将其中的15万两转借给盐政处外，其余款项均由大生自用。盐政处，后面的号信亦写作盐政局。[3]

白纸黑字的借款合同，难道是编造借款理由？这样的可能性不大。尽管黄兴三井借款的合同没有见到，但是张謇没有必要为一个不存在的借款作保证，更不会进而签订一个借新还旧的合同。大生纱厂与沪所之间的号信来往，是企业内部联系工作和交流情况的制度，所涉及的内容均为即时发生的生产经营实况，没有编造的必要，何况是多日的号信反复编造？从三井洋行的角度，上海支店是日本总社的分支机构，需要对日本总社负责，如果大生纱厂需要借款，双方完全可以直接谈判，既不需要史量才出面斡旋，也没必要在合同条款上大费周章。

1912年1月24日，日本黑龙会首领内田良平作为中华民国政府上海都督府的代理人，与三井物产株式会社社长八郎次郎签订借款合同，由中华民国政府都督府以黄兴、朱葆

---

[1][2] B401-111-12。
[3] 大生纱厂致大生沪所辛亥年第179号号信，B401-111-12。

三、陈其美、王一亭、宋教仁、张静江等连带保证，借款30万日元，从三井上海支店受领。这笔借款中的25.0421万日元，用于购买武器弹药。《中国近代外债史统计资料（1853—1927）》认为张謇担保的就是这笔借款[1]，应该是错误的。在张謇的担保书中，担保的借款人为黄兴，而此项借款的借款人为上海都督府，甚至还有代理人内田良平。黄兴所借的规元23.7万两，根据大生三井借款的合同，三井洋行已经分两次于1911年的12月27日和29日拨付。而此项借款迟至1912年1月24日才签订。而最重要的，在于两笔借款不同的归还时间。

1912年9月24日，中华民国财政部总长周学熙与三井上海支店代表神崎正助签约，对包括1月24日借款在内的4笔上海都督府借款（其他3笔为1912年4月20日元15万两、6月1日元10万两、6月13日元10万两）、南京留守和上海都督府1912年5月13日借款元35万两以及汉冶萍借款利息7万日元，在两个月内还本付息。[2]之后该笔借款多次延期，1913年6月4日还5万元[3]；8月28日通过上海中国银行还17万元[4]，通过公债司还8万元[5]。

---

[1] 徐义生：《中国近代外债史统计资料（1853—1927）》，中华书局1962年版，第96-97页。

[2]《财政部三井洋行借款协定》，财政科学研究所、中国第二历史档案馆：《民国外债档案史料（第四卷）》，档案出版社1990年版，第11-13页。

[3]《财政部三井洋行借款第三次延期契约》，《民国外债档案史料（第四卷）》，第14-15页。

[4]《财政部关于归还借款事复三井洋行驻京代表函》，《民国外债档案史料（第四卷）》，第16页。

[5]《库藏司为拨还三井洋行日金八万元致公债司付》，《民国外债档案史料（第四卷）》，第16-17页。

大生三井借款的40万两欠款,则按合同约定于1912年8月2日还本付息。其中盐政局的15万两,大生方面多次提醒,要求按期归还大生。从1912年3月23日大生纱厂致大生驻沪事务所壬子年第18号信中"盐局欠款已还来六万两,其余之款仍须严催速还"[1],可得知盐政局开始还款。一直到4月上旬,陆续还清,1912年4月11日大生纱厂致大生驻沪事务所壬子年第30号号信:"盐局欠款知已还清。"[2]由此可见盐政局从大生转借款项期限很短。大生纱厂一度希望能把三井洋行的部分欠款延缓半月左右还清,但没有得到三井洋行的同意,最终还是依约清还。

南京临时政府多笔对外借款,包括向三井洋行的借款,还款一般都迟延多时。大生三井的借款,不仅偿还及时,而且还有未见于合同条款中的1.2万两的回扣,1912年2月14日大生纱厂致大生驻沪事务所辛亥年第179号号信提及:"又照来单,回扣壹万式千两并未分摊,与原议不合。凡动用押款者,皆须照摊回扣,照认利息,我厂方免受亏,想公必见及此也。"[3]大生纱厂对于回扣全部由自己承担,表达了不满,建议按照用款比例摊派,这符合商业借款的特点。

至于大生纱厂原本为南京临时政府代为借款,转变为纯粹的企业贷款,其中必有缘由,只是目前史料阙如,还无法辨明,但还是有蛛丝马迹可寻。1912年1月14日张謇致黄兴的信中,在谈到盐务事宜时说:"目前能有多少收入,尚不可知,约略各处所要求及公所汲汲待用,非于所筹偿还三十万借项外,更借一百万不可,而非以盐税(除提存赔抵款及支各岸应得加价外)抵借亦不可。"[4]这里提及在盐税

---

[1][2] B401-111-16。

[3] B401-111-12。

[4] 张謇:《致黄兴函》,《张謇全集》(2),第306-307页。

收入中偿还30万借项,很有可能就是指黄兴三井的借款。或许在大生三井借款签约之际,这笔盐税筹集到位,并归还了黄兴三井借款,这才有大生三井借款可供大生使用的可能。而张謇一度委托主政松江盐务局的史量才与三井洋行谈判,应该不是无缘无故的。高达3%的借款回扣,也为政治借款转化为商业借款,提供了想象的空间。

第五节　张謇与荣宗敬、荣德生兄弟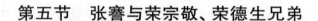

张謇与荣宗敬、荣德生兄弟,都是近代苏商的杰出代表,张謇和荣氏兄弟事业的起步,都与上海有着不解的渊源。研究张謇和近代南通,需要通过与张謇同时代的社会精英,特别是工商界的杰出人士进行比较研究,在对比中洞察张謇的经营之道和处事方式,拓展张謇企业家精神研究的路径。

1923年4月28日的《密勒氏评论报》刊登了《中国实业之进步观——无锡县》一文。文章开头提道:"南通州为中国模范城,为实业繁盛之区,前篇已详论之。而无锡则为先进之城,且实业较他处为繁盛,城中工厂烟囱林立,故有烟囱城之称。扬子江下游各区域除上海外,当推无锡为实业最繁盛之区。"近代南通和无锡的崛起,分别与张謇和荣氏兄弟有密切的联系。张謇和荣氏兄弟之间的关系,早年就有人提及。1929年编印的《茂新福新申新总公司卅周年纪念册》的11篇序言,有2篇提到了这一点。虞洽卿认为:"吾国之以实业名家者,南通张氏外,端推无锡荣氏。"裘科柠列数荣宗敬兴办的企业后,感慨道:"吾国自有史以来五千余年,工业生产之量未有若斯之伟大者也。同时南通张氏亦复名

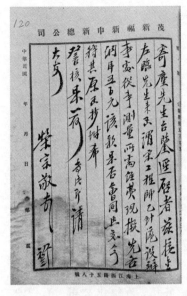

荣宗敬致吴寄尘函

闻中外,与荣氏相颉颃之。"在事业发展过程中,张謇和荣氏兄弟相互有所启迪和帮助,双方一度曾在吴淞合作兴办实业。在地方自治方面,张謇对于南通的贡献影响了荣氏兄弟。

通州大兴机器磨面厂于1901年创办,系利用大生纱厂的剩余动力,用石磨磨面粉。《大兴机器磨面厂集股章程》里提道:"本厂禀由张殿撰咨呈督宪照准,专办年限仿无锡磨面公司之案,定以五年。"[1]说明张謇曾了解过荣氏兄弟创办的保兴面粉厂的运作,依保兴面粉厂之例争取经营上的垄断地位。

1919年,荣氏兄弟在无锡集资兴办申新三厂,受到振兴纱厂的阻挠。申新三厂购买土地后,有蒋姓人士认为申新三厂地界内有五洞桥遗址,建厂开挖会破坏古迹。华商纱厂联合会一度出面请督军和省长处理此事,未有解决。"謇复加询访,略得真相,则保存五洞桥古迹云者,蒋所借以侵搅申新之名词。而申新紧逼振新而锭加多者,申新所被搅于蒋之因果。"张謇据此致函齐耀琳省长,"拟请属现在实业厅张厅长前往调停。调停之法,劝申新任造五洞桥以复古迹,责蒋偿还侵损之土石以维实业,当亦可剂于平矣"。[2]在张

---

[1] B403-111-620。

[2] 张謇:《致齐耀琳函》,《张謇全集》(2),第742页。

謇的帮助下,此事得到妥善解决。

张謇和荣氏兄弟在实业上的最大合作在吴淞。吴淞位于黄浦江和长江的交汇处,"吴淞接壤上海,濒临浦江,为国内外货物运输之门户"。[1]张謇对吴淞情有独钟,早在1904年创办江浙渔业公司时,"暂借吴淞四明公所为承接收鱼储煤之所"。[2]张謇参与创建的江苏省立水产学校、吴淞商船学校,最后都将校址设在吴淞。1920年11月4日,张謇受北洋政府委任,督办吴淞商埠事宜。[3]1921年2月12日,吴淞商埠局开局。[4]张謇的目标为"以自辟商埠之先声,为改良港务之张本"。[5]在此背景下,荣氏兄弟与张謇合作过左海公司和中国铁工厂。

1920年8月,荣宗敬与张謇、金其堡等组织左海公司,签订了如下合约:[6]

　　立公约　荣宗敬、张謇、金其堡,为组织公司,承领滩地,兴办实业,公订条款,共同遵守如左:

　　——定名为左海公司。

　　——本公司将衣周塘滩地除周一、周三、衣十三等图九百五十二亩业经有人报领外,其余衣二等图共一千三百三亩四分九厘二毫,悉数承领,其区图及亩分细数,附图载明。

　　——上项滩地,除以冈十四图四十五亩提归宝利公司承领外,其余悉以三股搭配,阄分清丈局方单,各归各执,部照归公司承管。

---

[1][5]张謇:《呈大总统文》,《张謇全集》(1),第589—590页。
[2]张謇:《咨呈南洋大臣》,《张謇全集》(1),第67—70页。
[3]张謇:《致大总统国务院电》,《张謇全集》(3),第816页。
[4]张謇:《就吴淞商埠局组织概况咨江苏军民两署文》,《张謇全集》(1),第518—519页。
[6]上海社会科学院经济研究所经济史组编:《荣家企业史料(上册)》,上海人民出版社1962年版,第73页。

——领价以每亩一百五十元为最高限度,应缴领价等费,自通知之日起五日内汇齐,另备杂费五厘,为酬给乡图地甲及贴迁坟基等用,随正款附缴。

——田亩分执之后,如有让渡等情,须先尽同股,并不得售于非中国人。

对于左海公司,荣德生是这样记录的:"余兄弟合买三分之一,分得三百九十亩,有图、有部照。张君出面,金君之力为多,余条陈最先,主动也。该处地位亦宜设工厂,今后必见。"[1]根据左海公司的规划,该公司有三个方面的宏图:[2]

甲、开辟轮埠(以已购衣周塘千余亩沿浦择要建筑码头);

乙、建设工厂(先筹办电力厂,假定六千开罗瓦达。次规画机器铁厂,其他各厂得随时提议增设);

丙、经营航业。

左海公司没能如愿进行如此大规模的投资和开发。1923年6月,荣宗敬、张謇和金其堡三方面,将实际领得衣周塘土地1 165亩9分零9毫,抓阄均分。[3]这些土地之后放佃收租,从南通市档案馆保存的档案可见,至少1935年左海公司还存在。[4]

中国铁工厂是中国第一家民族纺织机器企业,聂云台倡议设立,主要股东为张謇、荣宗敬、徐静仁、穆藕初等,实收股金30万元。张謇任董事长,聂云台为总经理。1921年在吴淞

---

[1]荣德生:《乐农自订行年纪事》,《荣德生文集》,上海古籍出版社2002年版,第92页。

[2]《左海实业公司章程草案》,A215-112-238。

[3]《衣周塘地阄分合同》,A215-112-238。

[4]《左海公司与佃户王佳贵合同》,A215-112-238。

建厂。产品供应上海、汉口、天津等地纺织厂。由于民族棉纺织业不景气,中国铁工厂开工后经营不利。1932年"一二八"淞沪抗战时遭炮击,损失惨重,不久宣告清理倒闭。

1920年,张謇积极推动苏社的成立。张謇认为,要让江苏处于"最完全、最稳固之地位",必须治本,治本就需要"各人抱村落主义,自治其地方",而成立苏社,就是设立一个专谋地方自治的"连合策进机关"。[1]

苏社得到了江苏人士的响应,荣德生也在其列。5月10日,荣德生、荣鄂生等50余人,由上海大达轮步登轮赴通。5月12日,苏社在南通开成立会,荣德生被选为苏社的理事。在通期间,南通方面组织与会人员参观,包括大生纱厂、广生油厂、复新面厂、资生冶厂铁厂、阜生绸厂、大生织物公司、通燧火柴厂等企业,医学专门学校、师范学校、甲种农业学校、甲种商业学校、女工传习所、女子师范学校、第七中学、纺织专门学校、敬孺高等小学校、盲哑学校等学校,养老院、贫民工场、残废院、新育婴堂等慈善组织,博物苑、军山气象台、图书馆等公益机构,以及五公园、五山等景区。

南通地方自治的成就,给荣德生印象很深。晚年的荣德生曾回忆:"曾至南通,见各种社会事业。张四先生年六十八,并开苏社。"[2]"昔南通因有张四先生,致地方事业大兴,号称'模范县'。如各县都能有张四先生其人,则国家不患不兴。余以一介平民,何敢谋国,只能就家乡做起,逐步推广耳。"[3]

荣德生对于苏社的活动一直保持着热情,1921年3月11日,苏社第二届大会在无锡梅园举行,"后在无锡,由余主

---

[1]张謇:《苏社开幕宣言》,《张謇全集》(4),第460-461页。
[2]《荣德生文集》,第90页。
[3]《荣德生文集》,第208页。

1920年5月13日苏社理事会成员在南通合影（原照上标志为4月13日系笔误）

办,于梅园开会,全省人物共集一堂,选余为常区理事。全省十一区,以旧府属为单位"[1]。张謇没有参加苏社的这次会议,但他在不久前的2月17日去了一趟无锡,这天张謇从苏州"乘专车至无锡,至即谒赵师墓于惠山麓严家塘。归赴荣德生君之饮于惠麓舟中,锡之实业、教育多在者。饮罢登车即行"[2]。短暂的无锡一行,除了祭拜恩师赵菊泉,就是在惠山之畔的太湖中与荣德生泛舟,观望无锡的实业和教育进展。2月22日,张謇作《谢荣德生书》,表达对荣氏兄弟的感谢和敬意,其中有"清流迤逦,相逢廿载之船;名埠经营,摩击百工之肆。致钦迟于枌社,弥企慕于梅园"[3]。

---

[1]《荣德生文集》,第90页。
[2]张謇:《柳西草堂日记》,《张謇全集》(8),第896页。
[3]张謇:《谢荣德生书》,《张謇全集》(3),第862页。

荣德生受到张謇的影响,在垦殖方面有所体现。曾担任荣德生私人秘书的朱复康1958年12月回忆道:"荣德生先生生平最推崇南通张謇。他在1928年间,同江阴大绅士吴汀鹭及其子吴潋英(时任江阴商会会长)、常熟钱禹门等组织福利垦殖公司,依靠当地封建势力,仿照张謇在江苏海门的垦殖办法,在江阴、常熟沿江一带修筑堤岸,让江水冲入,水退后,泥沙沉淀,江岸逐步加高,形成田地,叫作沙田,土质肥沃,宜于种植棉花等农作物。这种田地曾在国民党财政部登记,领有执照。到抗日战争前夕,已扩充到一万亩(一说二三万亩)。"[1]

在教育方面,荣氏兄弟也受到张謇的影响,同样成就卓著。从1906年起,先后在无锡创办公益第一、二、三、四小学,竞化第一、二、三、四女子小学,在上海申新一厂办子弟学校,鼓励工人子弟就学。1919年,为了培养企业技术管理人才,创办公益工商中学。1927年开办公益初级中学,抗战胜利后,荣德生主持公益中学的复建,并添设高中部。1947年荣德生在无锡创办江南大学。

此外,荣氏兄弟捐资兴修路桥、水利。抗战前20多年间,荣德生在无锡城乡先后捐资数十万元,铺筑道路40多公里。1912年,荣德生独资建造梅园,免费向游人开放。荣氏兄弟和张謇都通过自身的努力,为各自的家乡,做了多方面的贡献。

---

[1]《荣家企业史料(上册)》,第554页。

第六章 助推对大生企业的探究

　　大生档案，不仅有助于对张謇研究的深化，对张謇所创事业的探究亦有裨益。大生企业在中国民族工业史上具有典型意义，加上现存的大生档案的系统完整，都为学者提供了很大的研究空间。南通市档案馆编纂的《大生集团档案资料选编》《西方人眼中的民国南通》《江苏省明清以来档案精品选（南通卷）》等编研成果也为学界带来便利。一方面可以依据大生档案，纠正原有研究的错误，补充不足；另一方面大生企业研究方面尚有很多空白点。研究张謇，离不开对他的创业团队核心成员的研讨，特别是大生纱厂早期的共同创业者，他们丰富的工商从业经验，是大生纱厂取得成功的重要因素，客观上也影响了张謇的企业管理理念。随着南通经济社会的日渐进步，张謇力促天生港自开商埠，是主动对外开放、寻求更多发展机遇的高瞻远瞩。通泰盐垦五公司银团债票是在张謇、张嘉璈等人推动下发行的中国历史上首个企业债票，是南通与上海、实业界与金融界关系的一个缩影。天生港电厂，则是张謇与其事业继承者接力完成，凝聚了两代经营者心血的产物，体现了张謇"坚苦奋励"创业精神的传承。

第一节　大生创业团队核心成员吴寄尘

吴寄尘,名兆曾,早年字缙云,中年改字寄尘、季诚,籍贯丹徒(镇江),生于1873年7月14日,卒于1935年8月22日。1912年担任大生沪所所长,一直到1935年去世,经历了大生企业的辉煌与沉沦。鉴于大生沪所的地位和作用,吴寄尘是大生企业举足轻重的人物,作为张謇的核心助手和信任的朋友,他对南通的实业发展起到了积极的推动作用。

1918年,吴寄尘的母亲林太夫人八十大寿,张謇除送上珊瑚泠金屏12幅作为寿礼外,还撰写《林母吴太夫人八十寿言》。张謇在《寿言》中将吴氏引为知己:"太夫人则少韩先生之女,兰荪先生之姊,石君先生之继配,而吾友季诚之母也。"[1]张謇称吴寄尘为"吾友",其中饱含对吴寄尘不遗余力推动南通实业发展的衷心称许,也凝聚着他对吴寄尘的个人情感。张孝若有言:"我父六十以后的经营实业,最得力而最共甘苦患难的,要算吴君兆曾。他本是读书人,所以能识大义,品行纯洁,心地长厚,也是我父生平很爱重的一个人。"[2]对于这样一位对大生企业发展做出过重大贡献,然而长期默默在幕后策划和奔波的人物,学界研究不多。张謇事业的开拓,离不开其背后一个既具备专业知识又具有实践经验的团队,吴寄尘无疑是其中的灵魂人物。厘清、重构吴寄尘之生平,对于进一步研究大生企业的创业历程,深入探讨张謇的内心世界,能够提供丰厚的背景材料。

---

[1]张謇:《林母吴太夫人八十寿言》,《古润吴氏宗谱》,F002-311-20。

[2]张孝若:《南通张季直先生传记》,第477页。

吴寄尘的父亲与原配谢太夫人生育7女3男(长子敬曾,字幼承;次子熙曾,字敬庭;三子庆曾,字季农),谢太夫人去世后,续弦24岁的林太夫人(江苏六合人)。林太夫人生1子2女,儿子吴寄尘5岁时丧父。敬庭和季农后来都从商,亲戚认为吴寄尘也适合商道。"太夫人口应之,而心痛诗书之泽之斩也。乃早晚自课之。"林太夫人认为"凡教小儿,必以风雅植其初基,陶其性情,然后乃可授之以学"[1]。她优先以唐代诗人司空图的《二十四诗品》,以及清代孙洙(号蘅塘、退士)编选的《唐诗三百首》作为启蒙教材,一直训育吴寄尘至13岁。之后,吴寄尘外出游学,23岁中秀才。1905年朝廷下诏自1906年废科举,吴寄尘到上海协助其兄季农营商,并改字寄尘。

从《吴母林太夫人行述》记载看,吴季农早在吴寄尘13岁游学前就投身商海,"及季农随太夫人弟兰荪公业商于通沪,家道始渐兴"[2]。吴季农投奔的是继母的弟弟林兰荪。林兰荪早年经商,后来为沈敬夫所赏识,被聘请在上海经营关庄布业务。因此吴季农的职业生涯也与棉纱业联系起来。1898年,通海沙布同业公会沙布公所成立。沙布公所采用董事制,各庄的庄客,均为董事,不限名额,沙布捐客仅限8名。刘一山为第一任主任董事,吴季农继刘一山之后出任第二任主任董事。1920年11月,吴季农与穆藕初、穆杼斋、陈子馨等发起成立上海华商棉业公会,担任副董;同时也是位于上海爱多亚路97号的上海华商棉业交易所发起人之一。吴季农于1921年11月10日去世,通崇海花业公所、上海华商棉业交易所理事会、上海华商棉业公会、上海华商棉业交易所经纪人公会、通海花业公所和沙布公所联合,于12月4日在上海小南门救火联合会开追悼会。由此可见吴季农在上

---

[1][2]赵宗抃:《吴母林太夫人行述》,F002-311-20。

海和通海地区棉纱业界有着广泛的人脉和重要的地位。

初到上海的吴寄尘,除了有同父异母的哥哥吴季农的提携,还得到舅舅林兰荪的帮助。1896年,林兰荪被张謇聘为大生公所的负责人(坐号)。1897年秋,大生公所改名大生沪帐房。因为林兰荪和吴季农的缘故,吴寄尘在上海主要从事棉纱行当。凭着特有的敏锐,吴寄尘很快展示出商业方面的才能。

1905年,日俄战争结束后,通海地区的土布(沙布)在东三省销路不畅。土布是通海地区重要的外销商品,关系到棉花种植、棉纱生产、土布纺织,也涉及关庄布商人的切身利益,可谓牵一发而动全身。吴寄尘认为其中必有原因,他曾在《丹徒吴寄尘上通州商会张叔俨先生书(为请派东三省调查事)》[1]里写道:"风闻近有外人仿织土布,由大连湾进口,分运兜售。我布税重费多,难与争利。"针对沙布公会就是否派员赴土布集散地营口调查的争议,吴寄尘认为造成目前局面的原因到底何在,是否存在外人倾销,土布是否适合市场,如何解纾困境,"皆未经调查不能道其确实,且外人既能仿制,边城远处,难保不有华商串同,冒我土布各牌兜售","处商战之世,智虑稍疏即落人后"。吴寄尘建议通州商会派出"学识兼到,商情练达之员"到营口、奉天、辽阳、锦州等地切实调查,"条列原因,共筹除弊改良维持之策"。这是初入棉纱业的吴寄尘交出的一份答卷,条分缕析,有理有据。

如果说关于东三省调查土布情况的建议,反映出吴寄尘敏锐应对时局的话,那么他在粤路股东共济会中的表现,则展现出其很强的组织和社交能力。粤汉铁路于甲午战争后筹建,几经曲折。1905年11月,张之洞召集粤、湘、鄂绅商

---

[1]《南洋官报》1907年第77期,第73—75页。

代表在武昌召开粤汉路筹办会议,议决三省各筹各款,各修各路。1906年2月,清政府允诺粤路依法发归商办。5月,商办广东粤汉铁路公司成立。1909年统计,粤路公司股金基本来自广东省内各善堂、旅港粤商和旅沪粤商。上海粤路股东成立粤路股东共济会,目的"为粤路股东保存利益,取同舟共济之意。以激励公司恢复股价,保全成本,振作前途为宗旨"[1]。1908年12月20日,粤路股东共济会500余人集会上海张园,研究二期股银截收问题,吴寄尘被推为临时议长。[2]据吴寄尘己未年(1919年)资产账,吴寄尘拥有粤汉铁路股1 440元。[3]吴寄尘后来又作为代表,赴广东粤路公司董事局交涉,"所草请愿书,文理密察,为时传诵"。[4] 1909年3月19日,吴寄尘与董事局议定,"各善堂、行商各举查账员,凭票复选正四人,副六人,稽查一切款目"。[5]粤路公司总理梁诚辞职后,在选举新总理的问题上,吴寄尘也是作为上海方面的代表,参与协商。粤路上海股东,除了粤籍,还有其他省籍,因此协调起来难度很大,吴寄尘能得到普遍信任,实在难得。1907年1月27日(光绪三十二年十二月十四日),桐真从广州致上海道台瑞澂并转张謇、郑孝胥和汤蛰仙等人的信里,讲述粤路集股的纷争(该信由大生沪所全文录底,见B401-111-10),说明张謇知晓粤路集股的原委,甚至参与其间。

吴寄尘的才能,也得到刘厚生的赏识。刘厚生,名垣,

---

[1]《粤路股东共济会简章》,《南洋商务报》第54期,1908年12月8日,第3-4页。
[2]《旅沪粤路股东开会详纪》,《申报》1908年12月22日,第5版。
[3] B422-311-100。
[4]《吴寄尘先生事略》,《纺织时报》1935年9月30日,第1 223号,第4-5页。
[5]《共济会代表暂缓回沪》,《申报》1909年3月25日,第18版。

1913年3月5日吴寄尘在《记事》里笔录张謇致虞洽卿函

张謇密友何嗣焜之婿。对于刘厚生与张謇的关系，张孝若如是评述："刘先生才识优长，品格最高洁，我父遇到大事，或疑难之事，得其一言，无不立决。民国后我父凡到政治舞台，彼必偕出相助，极讲骨气，有远识，是我父生平最爱重的一人。"[1] "厚生以先生才略，时时诵于南通张啬翁。"[2] 1912年，林兰荪去世前，张謇征求林兰荪意见，林推举吴寄尘作为自己的接班人。张謇采纳了林的建议，绝对不是一时的心血来潮。

大生沪所作为大生企业在上海的窗口，担负着与社会各界特别是股东的联络、资本的募集、物资的采购等多种事务。吴寄尘本人还需要作为张謇的代理人，处理各类应酬、会务，可谓事务繁杂，责任重大。

大生系统各企业发展过程中，与金融界关系极为密切，

---

[1] 张孝若：《南通张季直先生传记》，第474页。
[2] 《吴寄尘先生事略》。

上海作为中国当时的金融中心,自然是大生企业极为倚重之所在。大生沪所核心的功能,就是融资。与大生合作的金融机构中,上海商业储蓄银行(简称上海银行)值得一提。张謇时代的上海银行,与大生企业相互支持,共同发展,是银企合作的典范。

1915年4月17日,庄得之、陈光甫、王晓籁、李馥荪等假座上海宁波路8号召开股东会,上海银行成立,庄得之被推举为总董事,陈光甫为办事董事兼总经理。1915年6月2日上海银行正式开业,办事人员只有7人。据陈光甫回忆,上海银行发起之初,原定股本10万元,而实收只有8万数千元。[1]早期浙江实业银行常给予透支,中国银行则在上海银行开业之日起就存入7万元一直不提取。[2]大生企业对上海银行也有帮助,据吴寄尘的侄子吴又春回忆:"上海银行创办时资金周转是比较困难的,大生不仅在投资方面帮助过,而且常在往来户上维持存款,所以后来大生碰到资金周转困难时,上海银行也予以帮助。"[3]由此奠定大生企业与上海银行牢固的合作关系,大生企业也一直是上海银行的支持对象。1916年,上海银行即在南通设立办事处,经营厂家押款,大生企业获益很多。

上海银行1916年2月22日股本20万元,包括张謇入股的1 500元(一直到1919年12月31日),张謇的股份到1921年12月31日达到5 000元。吴寄尘1919年12月31日和1921年12

---

[1] 上海商业储蓄银行编印:《陈光甫先生言论集》,1949年,第14页。
[2] 中国人民银行上海市分行金融研究所编:《上海商业储蓄银行史料》,上海人民出版社1990年版,第3页。
[3] 朱镇华:《上海金融界组织银团支持张謇办实业》,朱镇华著:《中国金融旧事》,中国国际广播出版社1991年版,第124-129页。

张謇致吴寄尘的电报

31日在上海银行的股份都是1万元。[1]1919年,该行续收资本时,大生加入股本15万元。大生的投资,在股东名单上显示为大仁堂等30户。查大生一厂账略,1918年、1919年、1920年和1921年都显示"在上海银行股分规银七万二千五百两";大生二厂账略则显示1918年"在上海商业银行规银三万六千两",1919年、1920年和1921年规银三万七千两,1922年规银三万六千二百五十两。这项投资,源于吴寄尘1918年5月23日在大生一厂股东常会上的建议:"适值商业银行去岁在通营业甚多,本拟设分行在通,故迎合其意附股。昨议分厂提银五万两,正厂在保险项下提银十万两,为商业股本。在两厂受金融活动之益,于秋市购花尤有关系。"[2]1919年5月,张謇、张詧、吴寄尘当选为上海银行董事。1922年7月,吴寄尘被推为副董事长,实际上是代表大生参与上海银行的事务。这些股份于1923年转让,5月张謇辞去董事;1924年5月,吴寄尘辞职。尽管大生退出对上海银行的投资,但双方的管理层始终保持良好的关系,特别是大生陷入困境后,上海银行依旧支持大生,是大生重要的投资者,这与吴寄尘从中沟通密不可分。

[1]《上海商业储蓄银行史料》,第38—39页。
[2]张季直先生事业史编纂处编:《大生纺织公司年鉴(1895—1947)》,江苏人民出版社1998年版,第147页。

如果说吴寄尘在上海银行一度担任要职,是作为大生企业的代表,或者也可以视作张謇事务繁忙,无暇顾及,由吴寄尘出面;那么在华商纱厂联合会的筹备过程中,吴寄尘则发挥出关键的推动作用。华商纱厂联合会(简称纱联会)是近代中国最早成立的全国性纺织行业团体。[1]祝兰舫、荣宗敬和刘柏森等人于1917年3月15日下午在上海商务总会召集各纱厂集议,共有22人代表15家华商纱厂与会,议决上书北洋政府,反对棉花出口和棉纱进口免税。大生也在受邀之列,但未派员参加。4月17日,吴寄尘代表大生参加第二次会议。之后拟办中的纱联会多次开会,讨论是否需要继续维持的问题。10月,筹委会给全国各华商纱厂发函寄送章程,征求意见。

10月27日,召开预备会议时,仅收到德大、裕泰、广勤等6家企业的复函。与会的有穆藕初、吴寄尘、张秋园、聂云台、刘柏森等人。吴寄尘力主继续推进:"张三、张四先生尚无来函。以四先生不问事,三先生下乡未回,想对此举无不赞成。现外埠纱厂已有函来赞成,再由我辈发起人消灭之,似乎不可。今且审核章程,以便发寄。"[2]11月17日的会议上,"先有刘柏森报告已往筹备之情形,并谈及吴寄尘聂云台诸先生维持之热心"[3]。在讨论时,就张謇未对咨询函答复一事,吴寄尘解释道:"前寄去之呈稿及章程均寄往通州尚未得复,想张四先生无不赞成。"[4]张三、张四先生即张詧和张謇兄弟。沪所与张謇之间的沟通实际上频繁而及时,一般不存在上海方面的重大事项张謇不知悉的情况。张謇

---

[1]魏上吼:《近代中国的纺织行业团体》,《中国纺织大学学报》1994年第20卷第3期,第56-61页。
[2][3][4]《上海市棉纺织工业同业公会董事会议记录(一)》,上海市档案馆馆藏档案S30-1-35。

一直没有回复，或者说没有授权吴寄尘回复意见，可见张謇对纱联会的成立不太热衷。从纱联会留存下来的会议记录上看，张謇几乎没有参与过纱联会的活动，只是因为纱联会认为"非得声望素著者左提而右挈之，不足以资领袖"，而张謇"对于实业，素具热忱，而于纺织一门，尤为同人先导"。[1] 从1917年3月15日纱联会初次会议，到1918年3月14日选举大会，纱联会先后召开13次会议，吴寄尘参加过8次。而吴寄尘还是在张謇没有明确表示的情况下，积极斡旋，对纱联会的成立起

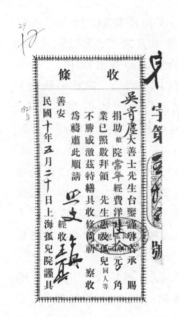

1921年5月20日上海孤儿院出具的吴寄尘捐款收条

到促进作用。试想如果不是吴寄尘替张謇不答复的行为进行辩解，张謇的淡漠态度，必然会对其他华商纱厂业主起到消极的心理暗示作用。

纱联会最终于1918年3月14日成立，张謇被推举为会长，吴寄尘以12票当选为董事。纱联会的成立，使得华商纱厂有了一个组织，对于"协调棉纺业内部和外部关系，改善棉纺业生存和发展条件，起到了个别厂商无法替代的工商团

---

[1]《华商纱厂联合会致张謇函》，《华商纱厂联合会函稿簿三本》，上海市档案馆S30-1-5，此为纱联会1918年3月14日选举张謇为会长后给张謇的函。

1928年5月,江苏省盐垦讨论会在南京举行,审查委员会全体合影,中为吴寄尘

体作用"。[1]直到1924年4月6日纱联会第七届常年大会选出周缉之为新任会长[2],张謇不再担任这个挂名的会长。

吴寄尘于1912年接任大生沪所所长,一直到1935年去世,可谓鞠躬尽瘁。期间经历过大生企业的辉煌时期,也体验了大生企业衰败、穷于应付各路债主的苦涩。在吴寄尘主持下,大生在上海九江路22号建成南通大厦,标志着大生的事业达到顶峰。困难时期,吴寄尘基本上与大生、与张謇同舟共济。中国历史上第一个企业债票——通泰盐垦五公司银团债票的发行,可归功于吴寄尘向上海金融界的推介,该债票缓解了大有晋、大丰等5家盐垦公司的经济困难。"1922年后盐务、纺织先后失利,大生本身陷入债海,大生沪事务所每日除为纺系四个厂调度银根外,还要为大生资本集团所属数十家单位调度银根,每晚几十个单位的收付划抵的细账,都要汇报给主任吴寄尘听,每到午夜后,才能决定次

---

[1] 施正康:《近代上海华商纱厂联合会与棉纺业的自救》,《上海经济研究》2006年第5期,第91—96页。
[2] 《上海市棉纺织工业同业公会董事会议记录(五)》,上海市档案馆S30-1-39。

日筹码的安排，事务之烦责任之重，形成了大生资本集团的神经中枢。举个例来说，当时专司调汇账目的职员潘华封，任职才十多年，就因日夜疲惫于账目数字，发了神经，足见大生沪事务所业务的紧张与繁复。"[1]张謇在1923年年底写给张孝若的信中感慨万千："今于友辈中察得真有休戚相关，临难不却之忠者，吴寄尘、张作三、江知源、章静轩数人耳。"[2]黄炎培于1935年10月3日所作挽吴寄尘联中赞曰："南通事业，海上周旋，论公私关系如麻，长日劳劳。"[3]

第二节　天生港自开商埠

天生港是南通的重要长江口岸，对周边地区有辐射作用，"至内河道仅十余里，其东至海门，西至靖江、如皋、泰兴、泰州，北至东台、兴化、盐城，凡八州县，一水可通，而天生港适为枢纽之地"[4]。在航运作为主要运输手段的年代，特别是在南通与上海之间有着大量人员、物资交流的情况下，天生港的发展状况直接影响南通及邻近地区的经济和社会面貌。为便利交通和贸易，扩大南通的影响，张謇在筹办大生纱厂的时候，就策划将天生港开辟为通商口岸。

张謇动用诸多人脉争取天生港自开商埠。首先是1899

---

[1]《大生资本集团史》（初稿），第100—101页，南通市档案馆馆藏资料。

[2]《张謇全集》（3），第1566页。

[3]黄炎培著：《黄炎培日记》（第5卷），中国社会科学院近代史研究所整理，华文出版社2008年版，第86页。

[4]张謇：《张绅謇咨周督文（光绪三十一年九月十九日）》，B403-111-620。

年山东道监察御史余诚格奏请天生港自开商埠。余诚格，字寿平，与张謇同为乙酉年（1885）顺天乡试举人，两人之后以"同年"相称，张謇日记中有数笔两人交往的记载。余诚格1889年进士，授翰林院编修，张謇1894年高中状元，授翰林院修撰。余诚格在初创时期的大生纱厂存过款，宣统二年三月初九（1910年4月18日）曾致信张謇，"存大生之款暂提规元五千金"[1]。

1904年，张謇曾致信两江总督兼南洋大臣魏光焘，陈述南通各企业购买的物料从上海运到南通时，都在长江中起卸，经由驳船转运，风吹浪打危险得很，因此准备在天生港以趸船作为轮步，解决长江南通段没有码头的问题，请求魏光焘指示上海道与江海关税务司协商，派遣关员到南通查验。[2]

张謇1905年致函两江总督兼南洋大臣周馥，禀告业已根据上海道的要求，按照海关进出货物列表，将南通内河一带货物出入情况报告给了上海道，并送交江海关税务司，税务司好博逊（H. Elgar Hobson）当面答应派副手前往通州实地查看。张謇希望周馥指示上海道转饬好博逊，派副税务司到通州勘察。[3]

好博逊是江海关的英籍税务司，他很早就关注大生纱厂，并与张謇保持着良好关系。这是一位在中国生活工作时间很长的英国人，出生于英国德贝郡阿什本，在马恩岛的国王威廉学院接受教育。1862年，好博逊进入大清海关部门，

---

[1] B404-111-16。
[2]《张謇：《张绅謇咨周督文（光绪三十一年九月十九日）》，B403-111-620。
[3] 张謇：《致周馥函（光绪三十一年）》，《张謇全集》（2），第159-160页。

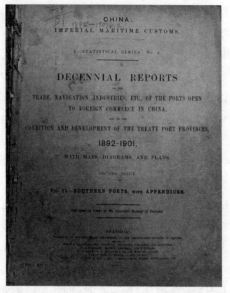

《海关十年报告（1892—1901）》封面，原件藏徐家汇藏书楼

曾担任总税务司李泰国的私人秘书兼翻译，后在宁波、汕头、汉口、烟台和淡水等地海关服务。1877年1月，他在新通商口岸温州开设海关。此后他前往打狗（高雄）、厦门、淡水和天津，先后主管那些地区的海关。1882年年底，他被调往上海任职。他从上海回国休假，返回中国后驻留宜昌，随后开设重庆海关。接着，他先后在九龙、芜湖和亚东服务。1900年3月，他在云南建立腾越海关。根据《上海海关志》，好博逊1884年11月13日至1888年6月8日、1901年4月10日至1910年1月12日担任江海关税务司（其间曾短暂离岗）。

1904年出版的《海关十年报告（1892—1901）》的江海关部分，由好博逊撰写，写作时间为1901年12月31日至1902年12月15日。其中对大生纱厂的记载，是西方人对大生纱厂最早的观察和评价。

大生纱厂是中国早期工业化的代表性企业，因此受到

《海关十年报告（1892—1901）》的关注。关于大生纱厂的叙述，是置于江海关所辖区域内的地方工业化背景中的。在第511-518页的（u.）部分，用了很多笔墨对1895年《马关条约》签订前后，该地区的工业发展情况进行描述，主要是缫丝业和棉纺业的情况。在棉纺业方面，除介绍几家外资企业外，对位于上海的机器纺织局、华盛纺织总厂、裕源纱厂、大纯纺纱厂、裕晋纱厂等华资企业也做了比较详细的介绍。文章里提及：[1]

在过去五年中，上海有些华资纱厂获得了少量的利润。特别是刚刚过去的十二个月内，它们发放了平均高达五厘的股息。

除了上海的这些纱厂外，下列地方各开设了一家华资纱厂：苏州、杭州、宁波和通州。这些纱厂看来都有可以获得利润的条件，其中收益最好的是通州的纱厂，因为该厂地理位置优越，靠近棉花产地，1901年已能发放七厘股息。

这些，就是直至目前为止在第一次试图沿用外国方式大规模建立中国地方工业过程中出现的主要事实。由于此事涉及大量资本，大家也一直对此甚为关注，所以才用了这些篇幅加以叙述。

好博逊有着40余年中国多处海关任职的经历，而这40余年又是中国社会变化剧烈的时期，从好博逊拟写的报告看，他是敏锐的，眼光也是独到的。他从上海及周边地区近代工业的起步，体会到中国社会区域性工业化的兴起。就南通而言，事实也的确如此，大生纱厂开工后连年盈利，带动南通其他工业的发展，进而推动南通地区教育、文化、慈善

---

[1] 中译文见徐雪筠等译编：《上海近代社会经济发展概况（1882—1931）——<海关十年报告>译编》，上海社会科学院出版社1985年版，第107页。

等事业的整体进步。《海关十年报告（1892—1901）》为英文版本，出版后通过上海、香港、横滨、新加坡、不莱梅、伦敦等地的书店出售，是大生纱厂早年社会形象在海外和在华外国人眼中的重要塑造者。

1905年10月17日，张謇再次致函周馥，阐述天生港开埠的缘由，函中提到"沪关殷副税司刻已遵饬来通，查勘关埠"。[1]殷副税司即好博逊的助手，江海关副税务司殷专森（J. W.Innocent）。

光绪三十一年十一月间，即1905年年底，好博逊将有关天生港开埠事宜的来往函件抄录后，连同江海关在天生港实地绘制的地图，以及张謇提供的南通进出货物列表，全部报送海关总税务司。[2]

1906年清政府批准天生港暂作可以起下货物之不通商口岸，交江海关辖理，并由江海关道（上海道）会同税务司另订专章详夺。[3]

1906年12月10日，张謇到天生港视察埠头施工情况，然后乘坐"大通"轮赴上海。18日，张謇与好博逊会晤，想来议题离不开天生港开埠事宜。

1907年2月22日，好博逊派江海关副理船厅鹤而生（在大生沪所所录信稿中也作哈乐森），与大生纱厂的翻译一同搭乘"鄱阳"船，前往南通查看天生港埠头事宜。鹤而生回上海后，向好博逊禀报了天生港码头建筑的基本情况，如

---

[1]张謇：《张绅謇咨周督文（光绪三十一年九月十九日）》，B403-111-620。

[2]好博逊：《好税务司来函（三十三年十一月二十三日到）》，B401-111-10。

[3]《外务部户部遵旨议复通州天生港暂借商款自开商埠应归江海关派员经理折（光绪三十二年六月二十三日）》，B403-111-620。

大生沪所抄录的1907年12月27日好博逊来函

"港码头现已在动工创造,自岸边起至江心筑木桩二百五十尺。外筑浮桥两顶,自廿五尺至卅尺长,十五尺至廿尺开阔,一边放在方木桩之上,一边放在平底驳船之上。另外再作浮桥两顶,长卅尺至四十尺,阔十五尺至廿尺,接连趸船"。此外还对用作趸船的"威靖"兵船,以及另外一艘"铁壳鸭尾船"如何移放码头,提出了技术上的建议。[1]

---

[1] 好博逊:《三十三年二月初十瑞道台来文内附洋文照译录后》,B401-111-10。

1907年10月22日,根据总税务司的要求,作为江海关税务司的好博逊,又把后续产生的涉及天生港开埠的往来函件,包括上海道迭次给江海关的来函,汇总上报税务处。[1]之后在好博逊给上海道的另外一封信中,还附录了江海关所拟的天生港征税试行办法、查勘埠头趸船绘图的说明等。[2]

1910年,作为天生港自开商埠管理机构的配备,江海关通州税关设立,一直到1936年1月1日撤销。期间江海关一直关注着南通的发展。1921年当江海关税务司戈登·洛德(E. Gordon Lowder)撰写1912—1921年的《海关十年报告》时,南通已经成为众口相传的模范城市,在该报告的第249-250

江海关通州税关

[1] 好博逊:《好税务司来函(三十三年十一月二十三日到)》,B401-111-10。

[2] 好博逊:《好税务司来函(三十三年十二月二十二日到)》,B401-111-10。

页,戈登·洛德写道:

南通州与中国内地城市不同,除街道比较狭窄外,一切都像上海的公共租界。通州成为模范市应归功于张謇先生的悉心经营。通州是一个不靠外国人帮助、全靠中国人自力更生建设的城市,这是耐人寻味的典型。所有愿对中国人民和他们的将来作公正、准确估计的外国人,理应到那里去参观游览一下。

1935年12月11日,大生第一纺织公司董事长徐静仁呈文国民政府财政部关务署,要求收回裁撤南通分关的成命。徐静仁认为:"南通为江北各县之要口,土产运销外省,外省进口百货,均以本县天生港为起卸货物之总枢。近年江北垦地大辟,棉产日丰,每年价值数千万之原棉,亦以南通为转汇之中心。"[1]对于大生第一纺织公司,其生产的纱布,多数销售到川、鄂、皖、赣等省,到江海关南通分关报验,便捷省时节费。如果江海关南通分关裁撤,货物需要去镇江或者上海报关转运,不仅对大生第一纺织公司,对江北的农工商也都是沉重的打击。由此看出天生港开埠之举,给南通及其经济辐射的地区带来的便利。

第三节　通泰盐垦五公司银团债票

通常所说的大生企业,核心在于棉纺织企业和盐垦公司。如果想考察盐垦公司的历史演变,则通泰盐垦五公司银团债票(以下简称债票)提供了一个独到视角。盐垦公司前

---

[1] 徐静仁:《呈请收回裁撤南通分关成命以便利工商运输事》,B403-111-124。

期资金投入多，回报期长，经营风险大。1921年，大有晋、大豫、大赉、大丰、华成等五家盐垦公司，面临前所未有的经济困难。7月，由中国、金城、上海等银行合组通泰盐垦五公司债票银团（以下简称银团），在上海经募大有晋、大豫、大赉、大丰、华成等五家盐垦公司（以下简称五公司）的企业债票，这是中国历史上最早的企业债票（时称公司债）。

债票第一期实际发行300万元，年息8厘，计划每半年付息一次，债本分五年还清，以五公司未经分给股东之地的五分之三作为担保。债票作为一种金融创新，是值得尊敬的，其本意是为了促进盐垦事业的发展。然而，由于五公司连年受灾，更由于银团过分相信土地的担保价值，以致债票最后沦为次级债，原定5年的债票期限，一直持续到抗战期间才清偿结束。在一个监管不到位和法制不健全的市场环境下，土地价值的变现需要高昂的成本，这是债票最后沦为次级债的主要原因。

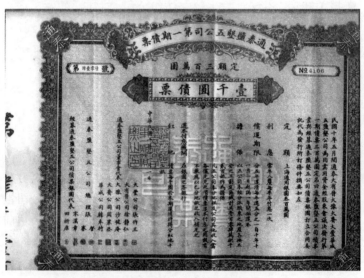

通泰盐垦五公司第一期债票

大有晋、大豫、大赉三家盐垦公司由张謇发起,大丰由周扶九发起、张謇协助,华成由冯国璋创办、托张謇主持。1921年该五公司基本情况如下。[1]

五公司基本情况

名称	总公司地址	成立年月	资本额数（万元）	职员数
大有晋	南通三余镇	1913年春	50	67人
大豫	如皋掘港镇	1917年春	150	142人
大赉	东台角斜	1916年冬	80	60人
大丰	东台西团	1918年秋	200	131人
华成	阜宁千秋港	1918年春	125	85人

五家盐垦公司中成立最早的,也不过是1913年的大有晋公司。处于初创时期的盐垦公司,普遍的问题就是资金短缺。要把海边的滩涂转化为良田,兴修水利工程是前提。"盐亭改垦,非开河筑堤建闸,为泄卤御潮启闭不为功,公司地亩,自地权统一后,第一要务,即为工程。滨海放垦,重在堤河,无堤则不能蓄淡,不能蓄淡,则地中之卤质不尽,不能垦植。无河,则蓄水无所流,卤质无由泄,此垦务所以重工程也。"[2]通常情况下,垦牧公司采取滚动发展的模式,依靠股东的原始投入,再加之佃户缴纳的订首,开展工程建设;日常开支则藉租息维持。然而启动资金的不足,使得水利工程举步维艰。"以原招股本本属太小,公司办事人多,欲以极小之资本,得极大之利益,不足时往往借债补充之。以借债转辗利息,所耗甚巨,负担日重。"[3]1918年开始的

---

[1]《调查通泰盐垦五公司》,上海市档案馆S442-1-4。
[2]李积新:《江苏盐垦》,1931年10月版,南京农业周报社发行,第47页,B414-111-18。
[3]《中国第一次发行之公司债》,《申报》1921年7月28日,第14版。

连年自然灾害，对各盐垦公司冲击尤重，"自戊午以来，历经歉岁，非害于虫，则害于风，收入骤绌。而兴工施垦乃不容稍缓，坐是旧欠清还无日，而新债转增，凡此临时调汇，期限既促，利率尤重"[1]。

根据《大生系统企业史》的统计，截至1920年，五公司的负债情况分别为：大有晋83.1万元，大豫137.3万元，大赉46.1万元，大丰160.8万元，华成26万元，总计453.3万元。巨额的债务，后果是连锁的恶性循环。1922年10月20日五公司董事联席会上，张謇认为："虽曰天灾，究亦人谋之未尽。办垦以水利为前提。垦牧工程较胜于大有晋，而大豫则不及大有晋，大赉尤次之，故今岁收成之等级，亦因此而递差。大丰之地，数倍于垦牧，而宣泄之利，复远逊于前说之各公司。如此水利，安有收获可言？"[2]张謇所言之"垦牧"，指的是通海垦牧公司，他通过水利工程建设方面的比较，指出五公司与通海垦牧公司之间最大的差距，也是五公司当时困难的直接成因。由于防御自然灾害能力差，"各公司田地出产之低下，殊多出人意料之外。出产之大宗为棉，去岁收获之丰，以大有晋为最，然每亩收量不过三四十斤，租息平均不过十斤余耳。大豫去年租息每亩仅扯六斤，前年仅扯四斤"[3]。租息的下降，加之"来佃者不见踊跃"，导致订首的衰竭，使五公司到了进退维谷的地步，亟须外力的支持。

1921年春，时任中国银行副总裁的张嘉璈应邀赴通泰

---

[1] 经募通泰盐垦五公司债票银团印行：《通泰盐垦五公司债票纪实》，1922年10月编，第1页，B415-111-6。

[2]《壬戌九月初一日下午四时开大豫、大有晋、大丰、华成、大赉五公司董事联席会议案》，B413-111-4。

[3]《邹秉文、过探先、原颂周等致张公权函（1921年）》，B414-111-10。

地区考察相关盐垦公司，张嘉璈后面所站立的上海金融界，认为"凡一国工商事业，非有公司债票以为辅助，不能发达。以南通提倡实业，辛苦艰难，社会有维持之责。垦务一事，既为国家增加生产，又为人民代谋生计，况以田地为担保，尤为社会所信任"[1]，愿意伸出援手。对于债票的发行，张嘉璈做了大量研究和探讨。

  首先是邀请农业专家对五公司进行调研。张嘉璈是在吴寄尘的陪同下前往五公司中的大有晋、大豫、大赉、大丰等四家公司考察的，未去华成公司，估计是路途较远的缘故。在随行的来自沪宁的十余人中，有着农业专家的身影。那就是张嘉璈以私人身份邀请的南京高等师范学校农科主任邹秉文（1921年南京高等师范学校改名东南大学，任教授兼农科主任），以及该校教授过探先和原颂周。邹秉文一行随后拟写一份考察报告。该报告主要从农业科技的角度记录盐垦公司的现状，提出改良的方向。在邹秉文一行眼中，盐垦公司尚有大量土地可供开垦，而当下生产力水平低下，其潜台词就是有很大的发展余地。他们认为，要改变导致收获歉薄的原因即"病虫害之蔓延、耕种方法之不善、种子之不良"，首要措施是组织农事研究机构；直接给农户小额贷款；普及农业知识，推广农业器械。[2] 邹秉文是一位享有盛誉的农业专家，他的判断有很强的说服力，相信这份建议书给了张嘉璈及上海金融界信心，而其中的一些构想，事实上也为张嘉璈所落实。

  其次是张嘉璈在沪上与相关金融机构的沟通。从垦区回来后，张嘉璈"遂邀集沪上各银行及钱业秦润卿先生，协同讨论。佥以吾国事业，久待振兴。各盐垦公司规模宏远，

---

[1]《中国第一次发行之公司债》，《申报》1921年7月28日，第14版。
[2]《邹秉文、过探先、原颂周等致张公权函（1921年）》，B414-111-10。

关系于农产纺织业者甚巨。偶为天时所困，积累不振，亟应合力扶持，以示提倡"[1]。

最后是设计比较合理的债票发行条件。"公司债之制，在吾国未之前闻。"[2]张嘉璈作为中国企业债票的开创者，深知发行五公司债票顺利与否的关键在于债票合理的回报，需要在企业和金融机构之间找到平衡点。

五公司都是债重息巨，临时调汇期限短促，"除长存款月息约在一分之谱而外，平时调汇，以市面银根宽紧，故时有重轻。活期往来，有时市拆涨至按月一分五六厘，定期放款最轻月息亦在九厘左右，平均周年计息约在一分三四厘"[3]。拟议中的债票，经初步商定不超过周年8厘，这对于盐垦公司而言，可以轻息抵重息，减轻负担。根据张嘉璈的提议，每千元债票酬报红地10亩。如果按每亩20元计算，债票持有人预期收益约为一分六七厘。这对投资

1922年10月《通泰盐垦五公司债票纪实》封面

[1] 沈籁清：《经募通泰盐垦五公司债票银团之概况》，《银行周报》第9卷第11期，1925年3月31日。
[2] 经募通泰盐垦五公司债票银团印行：《通泰盐垦五公司债票纪实》，1922年10月编，第1页，B415-111-6。
[3] 《通泰五盐垦公司发行社债股东会董事联席会议案》，B413-111-6。

者是个不小的诱惑,对盐垦公司而言也不是什么大问题,因为特别调款也需要给债权人一定的红地报酬。赠送红地实质是一种延期支付利息的行为,至少当时不需拿出真金白银,可以有效缓解经济的窘况。况且如果通过发行债票,渡过难关的话,土地价值可以提升,对于双方而言是共赢的结局。

对于发行五公司债票一事,上海金融界响应很快,银行公会和钱业公会组成银团,操办发行事宜,推举宋汉章、田祁原为银团代表。五公司方面,在1921年5月分别召开股东会议,均获得股东的赞成,并授权董事会具体办理。5月26日、7月1日,五家盐垦公司两次在南通濠南别业召开五公司董事联席会,讨论债票的具体事宜。

双方经多次磋商,于7月间拟就《通泰盐垦五公司债票合同》[1]。该合同主要内容为:

1.数量和时间。"通泰盐垦五公司债票全数由乙方担任,分两期发售,第一期发行三百万元,第二期发行二百万元。自十年七月一日起至十年十月三十一日止为第一期发行期间,第二期发行日期由公司与银团商定之。"由于第一期债票首次偿付就出了问题,第二期发行成为不可能。

2.目的。"此项公司债票款项专充公司清还旧欠及推广工垦之用。"

3.还本。"分五年还清,每年还五分之一,第一期三百万元自十年十一月一日起计算,满一年开始还本。"

4.利息。"利息常年八厘,每半年付一次。"

5.担保。"第一期发行之三百万元,以五公司未经分派股东之地产划出五分之三计一百零四万八千二百亩作为担保,其划定区域应用信面声明作为附件。"

---

[1] 经募通泰盐垦五公司债票银团印行:《通泰盐垦五公司债票纪实》,1922年10月编,第3—6页,B415-111-6。

6.红地。"债票末期还清时,每债额千元得分酬奖红地十二亩,此项地亩大段工程归公司围筑,地质以可垦草地为度。"

7.稽核。"银团公推稽核五员,分驻五公司监察账目,所有五公司款项出入应由稽核员审查,其稽核之薪水归公司银团各半支给。"

合同文本内签字人为草堰大丰公司代表张作三、余中大有晋公司代表徐静仁、掘港大豫公司代表沙健庵、角富大赉公司代表周寀丞、庙湾华成公司代表韩奉持、以上五公司总理张謇和张詧、经募通泰盐垦五公司债票银团代表宋汉章和田祈原。合同签署日期为7月1日,大概为双方商议的债票法定生效日期。7月1日当天,五公司董事联席会尚在商议,决定"由五公司董事会各推一人,代表全体董事,会同总理,在正式合同签字"[1]。上海方面,根据8月11日《申报》的《经募盐垦公司债票银团消息》,8月6日,经募通泰盐垦五公司债票银团假座上海银行公会,开银团成立大会,通过章程,选举董事(以后银团的固定办公场所也设在上海银行公会)。当场选定盛竹书、钱新之、田祈原、宋汉章、陈光甫、倪远甫、田少瀛、叶鸿英和吴寄尘为董事;8月9日开董事会,推举盛竹书为主席,推举宋汉章和田祈原为银团代表,在债票上签字。这也不难解释,因为大部分承担债票的银行,即是原来的债权人,尽管没有正式签字,但在双方的合意下,并不影响债票的实际成立。

《通泰盐垦五公司债票合同》签署以后,围绕着红地的划分、担保地亩的确定等问题,双方进行了一系列磋商,最后决定所有4万亩红地全部集中在大有晋。债额的分配,为

---

[1]《辛酉夏历五月二十六日下午三时华成、大有晋、大豫、大赉、大丰五公司就城南别业续开董事联席会》,B413-111-4。

大有晋20万元,大豫108万元,大丰108万元,大赉34万元,华成30万元。债额的认购,300万元债票,共由29家单位认购,其中来自大生系统的债额总共为72万元,占比24%。债票的款项先划拨给大生沪所,再具体分配。其中253万元划拨时间为1921年八九月间。

相对于债票的顺利发行,债票的还本付息是个曲折而又漫长的过程,期间充斥了银团与五公司的尖锐冲突。银团对于五公司的支持是诚意的,表现之一就是力主成立农事试验场。农事试验场"位于南通三余镇大有晋公司房屋前面,共计600亩左右",由五公司联合银团设立,"特聘著名昆虫专家、作物专家,研究虫害之防除、农事之改良,以图增进各公司之收益",委托东南大学农科代为筹备。[1]农事试验场每年预算经费2万元,其中五公司承担1万元、银团5千元、张嘉璈5千元。[2]

然而现实是残酷的。根据约定,五公司须在债票期满1年,即1922年11月1日还本60万元。一直延迟到1923年1月15日,五公司除了年息8厘外,仅偿付本金30万元。未还本金30万元,经协商改成一成欠本,延期1年归还,年息1分。至1925年1月1日,五公司支付本金53万元,尚欠247万元;利息部分,除了华成自1923年7月1日起未能照付外,其他4家公司均付清。[3]至1928年6月30日,五公司欠债本189.618 755万元、欠债息14.724 183万元,另加红地工程垫款5万元以及其欠

---

[1]《筹备通泰各垦牧公司农事试验场之情形》,《农业丛刊》1922年第1卷第2期,第31-36页。
[2]《中央农事试验场委员会会议记录》,1922年3月24日,上海市档案馆S442-1-17。
[3]浓籁清:《经募通泰盐垦五公司债票银团之概况》,《银行周报》第9卷第11期,1925年3月31日。

息0.849 293万元,合计欠款210.192 231万元,其中华成情况最差,30万元债本尚有27万元。[1]

五公司无法还债的原因,来自主客观两方面。客观上,债本对五公司而言"仅敷偿还旧债一部分,而对于经营地亩,各项工程仍未有所设施,且当债票发行之年,各公司骤遭灾歉",之后银团方面给予了宽限,然而五公司迭遭天灾人祸,"收成歉薄,支用浩繁,各公司益陷困顿,甚至经常费用,亦难筹措,主持无人,各事停顿"。因此导致主观上"不复愿惜信用,更无论清理债务"。[2]

重压之下,公司方面采取了一些有损银团的失信行为。1923年4月27日,大豫第7届股东常会议决"由原股东按所分地每亩津贴4元,其地即收回营业,自收花息"。[3]此举显然违背了债票合同第六条:"五公司未分地租及公司其他收入,当尽先充此项公司债票还本付息之用,设有不敷应以已分地亩之收入补足之,再有余款听凭公司支配。"而同年大丰公司股东会,也有动议售地,"将泰福成三丰区地,连同祥丰等红地十二万五千亩作价每亩十元,共以一百二十五万元之数,移转于华实公司"。对此,银团表示强烈不满。认为"依此情形,则银团在契约上所应享受之权利,完全被各该公司所剥夺。一公司发难,各公司效尤,推其极,必使银团在契约范围内所有之一切利益,必至于被各该公司侵蚀净尽而后已"。[4]银团一方面与江知源积极交涉,另一方面又召

---

[1]沈籀清:《通泰盐垦五公司债票最近状况》,《银行周报》1928年第12卷第28期。
[2]《经募通泰盐垦五公司债票银团报告》,1933年8月,第1页,B415-111-19。
[3]《掘港大豫盐垦公司第7届股东常会议案》,B414-111-72。
[4]《经募通泰盐垦五公司债票银团对于公司违约议决提出严重抗议事》,1923年6月9日,上海市档案馆S442-1-5。

开团员会议,起草抗议书。大豫的事项,经过银团的反复交涉,最终以大豫于1926年3月25日与银团签约,允诺"原有股东交入上海银行之款,尽先划交银团收账,不得挪充别用"而告终。[1]而类似情况,以后不时发生。

为了确保利益,银团陆续将担保地亩及红地接收自管。1928年间先将4万亩红地接收。1929年联合南通兴丰银团组织维持会,共管大丰,1932年维持会期满后又各自就抵押地亩割地自管。1929年与华成达成代管协议。1930年执管大豫。

大有晋本身债本较少,加上经营情况略好,因此是最早清偿债务的公司。根据大有晋第18届股东会报告书,到1932年,大有晋债务为92 200余元。除去银团应还大有晋的3年之间的垫款,大有晋"以三余镇市房217间,连地基在内;东余区区房31间,又自垦地200亩;包场市房40间,厕所1处,连同地基作价抵偿"[2]。双方多次谈判、拉锯,基本达成一致。

1932年年底,大丰公司欠债本77.27 975万元、欠债息48.894 841万元,加上所欠代垫验契费、摊付经费、维会垫款,合计欠135.326 185万元。[3]大豫到1932年年底欠债本48.539 005万元、债息18.752 564万元,加上所欠辅息、代垫验契费、摊付经费,合计欠68.462 778万元。[4]大丰、大豫两公司是1936年春天以地抵债的。

---

[1]沈籀清:《通泰盐垦五公司债票近况(中)》,《银行周报》第10卷第24期,1926年6月29日。
[2]《南通大有晋盐垦公司第十八届股东会报告书》,1933年,B417-111-119。
[3]《经募通泰盐垦五公司债票银团报告》,第4页。
[4]《经募通泰盐垦五公司债票银团报告》,第20页。

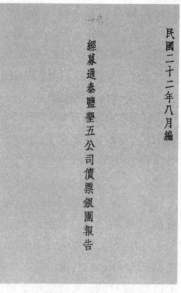

乙丑（1925）仲冬（十一月）
《通泰盐垦五公司经营概况》
封面

1933年8月《经募通泰盐垦
五公司债票银团报告》封面

托付华成代管其担保地亩，对银团而言是一场空，"近三年来，只字报告俱无，遑论交款，屡经催促，置而不理"。甚至擅自放垦1 000余垛。[1]

至于大赉，银团1931年接收了部分抵押田亩进行管理，包括亨区垦地17 920亩、利贞区已围草地23 780亩。[2]

华成和大赉与银团的债务了断的具体情况，目前尚无资料可据。1947年4月20日，淮南盐垦各公司股东，在上海银行公会五楼召开联合会议，参加者包括通海、大有晋、大豫、大赉、华成等15家盐垦公司。张敬礼发言中提及"近十年各

---

[1]《经募通泰盐垦五公司债票银团报告》，第26页。
[2]《经募通泰盐垦五公司债票银团报告》，第18页。

公司陷于停顿状态,困难情形大致相同,惟目前已到转机之时,一则因各公司从前所负债务,业已解除。"[1]至少到此时,五公司与银团之间已经不再有债权债务关系。

值得称许的是,作为中国历史上首个企业债票,银团在信息的披露上做得极其到位。银团形成的档案完整丰富,其中许多留存至今。在档案基础上,银团先后三次编印史料汇编,即《通泰盐垦五公司债票纪实》《通泰盐垦五公司经营概况》《经募通泰盐垦五公司债票银团报告》,向社会公布债票发行情形和五公司经营情况,所收多为原始档案,如合同、来往函件等。银团还通过上海的《申报》《新闻报》及时向债权人发布消息,在《银行周报》《银行月刊》《钱业月报》等金融类期刊上介绍债票行情。

目前掌握到的债票最后的资料,是《新闻报》1940年1月30日,《申报》1940年1月31日发布的银团启事:"兹定于本年2月1日起,借香港路59号2楼银行业同业公会内,凭票发还第三期债本。届期希各持票人携带债票前来领取,特此公告。"这发生在上海公共租界被日军占领之前,此后1946年土地制度改革,债本所依的土地所有权随之改变。

第四节 天生港电厂

1921年动工兴建的天生港电厂,历经漫长的创立、停顿、重启,于1934年正式投产发电。天生港电厂是张謇生前积极筹划的一个工程,既是南通社会发展到一定阶段的必然要求,也是减轻大生企业生产成本、带动其他企业发展、满

---

[1]《淮南盐垦各公司股东联席会议记录》,B414-111-25。

足南通社会生活用电的需要。虽然在张謇生前,因经济困顿而壮志未酬,但在其事业继承者的努力下,张謇的蓝图最终化作现实。天生港电厂的建设过程,体现了张謇在大生纱厂《厂约》中提及的"坚苦奋励"的创业精神,也反映了这种进取态度在两代经营者之间的传承。

  大生纱厂的动力,来自蒸汽引擎,煤耗大,随着机器使用年限增长,检修费用不断上升。张謇很早就萌生了用电力替代的想法。1913年,张謇派郁芑生和秦亮夫去英国考察相关企业,"冀资借镜而求进步",电厂显然是考察的重点。据吴寄尘癸丑年五月十六日(1913年6月20日)抄录的张謇致交涉使陈安生的信函[1],张謇认为:"商业竞争,纺织尤亟。泰西纺织,近均改用电力,日新月异,时有发明。南通州大生纱厂办理虽薄有成效,但处此时代,不事精研,焉能持久?"张謇从西方纺织企业的现状,看到大生纱厂的不足,特别是动力供给上的落后,决心以电力替代蒸汽动力,这是张謇居安思危的体现,也是其国际视野下的必然选择。张謇很细心,考虑到两个人的归期或有先后,希望陈安生给郁芑生和秦亮夫各发护照一纸,以备途径西伯利亚时,应付"稽查甚严"的俄罗斯警察。

  1919年,天生港电厂(当时称作南通电厂,考虑到习惯称谓和行文方便,本书将1920年前后筹建的南通电厂,统称为天生港电厂)开始启动设备的采购。天生港电厂早期的档案已经难觅其踪,因此无从完整地还原当年的筹建情况。当年发电机组只能仰仗国外厂商生产,其采购工作是天生港电厂筹建的核心所在,而上海洋行林立,成为采购的最合适地方,另外建厂所需的其他物料,大多由大生沪所负责代购并装运,因此在大生档案中留下了相关记录。

---

[1]《五月十六日录鬻公致交涉使函》,B401-111-34。

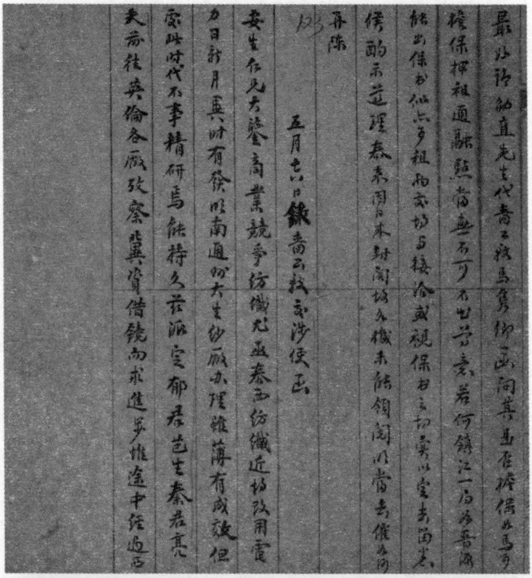

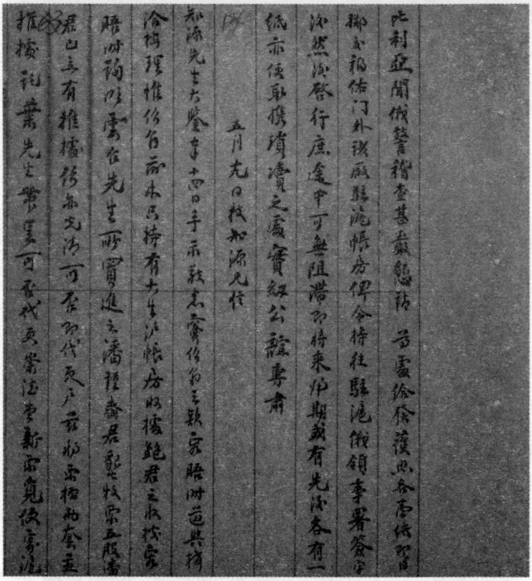

1913年6月20日吴寄尘抄录的张謇致交涉使陈安生函

1919年8月24日吴寄尘致张詧、张謇的信底

1919年8月24日，吴寄尘给张謇、张詧的信中提道："前奉退公示，命将南通天生港设电厂事略加研究。"可见天生港电厂的建厂规划，至少在1919年夏天开始落实，张謇写信吩咐吴寄尘对此加以关注。吴寄尘信中叙述，他于8月23日与高翕（E. KOCHER，也译为孔赫）会晤，高翕是德国人，为机械兼电气工程师。身为西门子洋行工程师的高翕，此前已经被张謇聘为天生港电厂的技术顾问。高翕"已将代南通规画一切罄告"，并陪同吴寄尘至沪南电气厂（华商电气股份有限公司）参观。吴寄尘的信里记录了参观心得："查其老式炉子，尚未装成，据称一周时用煤十二吨，五开罗瓦达，除去传换耗力，每个只可作一匹马力。如用新式炉子，其电力比用锅炉引擎力，可节煤三分之一云云。"这次参观，帮助翻译的竟然是上海商业储蓄银行的创办者陈光甫。[1]

1919年12月1日，高翕给大生沪所写了一封信。信中提出天生港电厂拟购置锅炉和机械设备的技术要求，让沪所转达给有意向投标的厂家。12月4日，沪所给高翕复函。沪所按照高翕提供的技术要求，拟订了招标文件。沪所还希望高翕把相关文本译成德文，用以寄给德国的公司。同一天，沪所把邀标书寄给慎昌洋行、美兴公司、茂生洋行、英国通用电气公司、大来公司，12月13日再次寄给茂生洋行，1920年1月3日寄给安利洋行。

1920年4月16日，高翕写信给张謇和张詧，详细介绍参与投标的公司情况，一共有7家公司报价，包括慎昌洋行、茂生洋行、安利洋行、美兴公司、英国通用电气公司、西门子洋行、蔼益吉电机制造厂。高翕对这7家公司提供设备的适用性、质量高低、配套服务、价格合理程度进行分析，倾向于订购西门子公司的设备。汽轮发电机的交货时间是10—12个

---

[1] B401-111-82。

Copy.

Nantungchow April 17th 1920.

Mr. Julius Danielsen
HAMBURG.

Dear Sir,

Your son in law Mr. N. H. Thiel has handed to me various estimates for the proposed Soap Factory with combined glycerine destilling plant prepared according to Mr. Wedehase's specifications.

As the prices quoted are subject to change and furthermore part of the machinery can be manufactured here cheaper, I have authorised my Consulting Engineer Mr. H. Kocher to personally discuss all details relative to this order with Mr. Wedehase, likewise to confer with Mr. Wedehase on technical details concerning the manufacture of Caustic Soda.

After all technical details have been decided by the two gentlemen and final prices be ascertained, Mr. Kocher will request you to cable out the exact prices for the plants for my decision to be given by cable.

Mr. Kocher will also arrange with Mr. Wedehase the time for his departure for Nantungchow, and if this has been settled, I request you to attend to the booking of his passage.

On my placing the order, I shall remit the bargain money required by the manufacturers, while the following payments will be arranged with Mr. Thiel according to terms of contract.

Yours faithfully
sgd. CHANG CHIEN.

1920年4月17日张謇致西门子公司函

Abschrift.

The HOW KANG VILLA
Nantungchow, China

April 17, 1920

TO ALL WHOM IT MAY CONCERN.

This is to certify that the bearer of this letter Mr. H. Kocher in his capacity as my consulting Engineer has been authorized by me to negotiate during his stay in Europe for the purchase of a Boiler Plant for the Nantungchow Power Station, as well as for ordering papermaking machinery, oil hardening plant and other machinery for the Nantungchow Industries.

The financing and shipping of all orders negotiated by Mr. Kocher will be attended to by my Hamburg Agent according to Mr. Kocher's advice.

Yours faithfully
sgd. Chang Chien

1920年4月17日张謇给高翁的授权书

月,锅炉设备的交货时间是5—6个月,所以高翕建议,先行订购汽轮发电机和辅机,稍后再购置锅炉。

4月17日,张謇决定订购西门子公司生产的汽轮发电机,并派高翕直接去德国商谈。在给西门子公司的信函里,张謇授权高翕与西门子公司商议合同的细节,并希望西门子公司考虑到天生港电厂初创,资金投入很大,发电机又是第一笔交易,希望能在价格上给予优惠,帮助电厂以尽可能低的投入取得成功。同一天,张謇在南通濠南别业,就是他的家中,签署了一份授权书,授权高翕作为他的技术顾问,在欧洲逗留期间,负责为天生港电厂购买锅炉设备,以及订购造纸机械设备、油脂硬化设备和为南通其他企业所购的机械设备进行谈判。由此看,张謇高度信任高翕,委托采购的设备不限于天生港电厂。

4月22日,高翕前往德国。与西门子公司的合同是5月26日签订的,包括两台3 200千瓦带冷凝装置的汽轮发电机、机房内所有管道、空气过滤器及其他配件。合同总价30.2万美元,预付款15万美元,大生沪所分别于6月汇出12.5万美元,9月汇出2.5万美元。4台锅炉是向拔柏葛公司购买的,附件包括链式炉、过热器、省煤器、输料泵、给水泵及管道,总价4.5万英镑。

建设天生港电厂,张謇不仅考虑大生第一纺织公司所属企业的动力问题,还兼顾南通其他企业的用电。按照1947年6月所编的《南通天生港电厂》中企业沿革介绍:"本公司所属各厂暨南通地方其他各工业,在昔各谋动力,耗煤费工,殊不经济。先董事长张啬公有鉴于此,欲使已办之厂节省开支,后起之厂减轻成本,遂有以电力为动力,集中发电,分轮运用之意。"

天生港电厂的建厂资金,张謇准备通过南通县自治会在本地发行公债筹集。据1920年11月26日《申报》:"张啬公提议募集县自治公债二百万元,俾购置公共汽车,创办玻璃厂、电厂等各项公用,已由自治会议决付审查。其利息定周年六厘,二十年还本,将来动募之法,拟大区七万、小区三万云。"根据留存下来的南通县地方公债原件,《南通县地方公债条例》于1920年12月4日经自治会议决施行,公债于1921年1月1日发行,年利率8厘。拟发行的200万元公债,用于发展下列各企业:电厂、油厂、皂厂、纸厂、各区小工厂、县道汽车、长途电话和淮海实业银行。但由于经济下行,公债募集不利,据受张謇委任负责电厂基建的黄友兰回忆,总共才募集到20万元左右(1922年1月7日《通海新报》有60万之说),其中大生一厂认购10万元,大生二厂认购5万元。无奈之下,南通县自治会决定把收到的公债改作对电厂的投资,电厂改为有限公司。在支付电厂款项时,先由沪所垫资,收到公债后再归还沪所,大生一厂认购的10万元,是在1921年7月19日交沪所,用于划还沪所替电厂的垫款。

1921年春,天生港电厂基建工程在大达后街开工,标志着天生港电厂的建设正式启动。根据1921年3月3日《新闻报》,预定的工程进度是:"三月动工,五月电机到,六月引擎室建筑竣工、动手装机,七月锅炉管子到通,八月厂屋完工、装锅炉,十一月全部机器装毕,十二月试机,民国十一年一月开始送电。"根据大生档案中天生港电厂辛酉年工程账略记载,1921年天生港电厂购买钢条、水泥、黄沙、石子、砖瓦、石灰、广木、桐木、洋松、白铁、柏油、白漆等多种建筑材料,购置钉子、铰链、插销、玻璃、螺丝、铅丝等配件,建造机器栈房、厂房、烟囱、物料所、办事房、厕所等生产、办公、生活用房,并开沟筑岸。

1922年年初建成发电的愿望最终没能实现。近代南通工业企业的陆续设立,是在大生一厂的基础上,主要依靠已有企业的资金投入和引导,不断滚动发展的。天生港电厂是在大生企业不断获利的背景下筹建的。据《大生系统企业史》，大生一厂、大生二厂1919年、1920年两年，利润率达90%上下，其中1919年大生一厂为105.78%，大生二厂为113.2%。1922年起大生诸企业陷入困顿，债台高筑，自身尚且不保，已无力再拨款支持天生港电厂的建设。

1922年6月1日，张謇给上海华发实业公司的管趾卿写了一封信。[1]上海华发实业公司是德国西门子公司的销售代理，其广告称"西门子厂驻华代表"。由这封信可知，西门子生产的汽轮发电机（托朋）1921年已经全部运抵上海，除了小部分运到南通外，其他都暂时存放在栈房。张謇"顷承见示某处急需此类托朋一座，南通既不待用，正可分出一座让予先用，以缓济急，实属两便"。但张謇对于天生港电厂并没有彻底放弃，只是打算暂时出让汽轮发电机一座，"惟原有合同既不取消，则此次让出之托朋一座，自应仍由贵行补运来沪，以符原数。补交时期以十个月为限，在民国十二年三月底以前必须将全部补交清楚，幸勿迟误"。张謇希望通过腾挪，换取时间，指望赢得转机。然而事与愿违，1947年的《南通天生港电厂》中痛惜地回顾："垂成厂房，被迫停工，到沪机器，亦以无法付款而不得不转让与昔戚墅堰震华电厂；糜款七十余万，未能完成，良可扼腕。"

1925年，大生一厂的债权人上海银团派李升伯到南通，考察大生企业的实际情况，寻求解决债务问题的方案。李升伯到南通后，与张謇进行交流，并在张謇的安排下参观张謇所创的事业，足迹从南通一直到东台。李升伯制定了一个在大生一厂不破产的基础上的厂务改革计划，根据他在1985

---

[1]张謇：《十一年六月一号致上海华发实业公司函》，南通天生港发电有限公司、南通市档案馆编：《张謇与天生港电厂》，国家图书馆出版社2021年版，第273页。

年手书的回忆,内容包括:请求老债权人允许一千万老债停息还本;引用日本纺织厂的科学管理制度,改良三十几年的旧厂;引用成本计算方式,以利借款;赎回大生副厂,并添办布厂;设立天生港大电厂减轻动力费用;引进纺四十支纱的美棉种子;试行改八小时工作制。天生港电厂的建设被再次提出,成为复兴大生一厂的措施。[1]这表明张謇的电厂设想,得到李升伯的认同。

1931年11月28日,大生一厂在上海香港路银行公会召开股东常会。经理李升伯没有与会,但他之前(11月21日)致函董事会,提出改良机械设备和规建电厂的建议。李升伯认为:"旧有之原动力运动力小,燃费滋巨,不独逐年消耗过当,且于改良发展上发生莫大之阻力。"李升伯呼吁,尽管目前企业负债累累,但在失去土产土销这一本地市场优势的情况下,如果固守旧有藩篱,不进则退。李升伯在附上的《规建电厂案》中,真情回顾当年张謇始创天生港电厂的情景:"张前总理本有规划电厂供给通海各工厂需要之企图,目光远大,诚足令人景仰。惜乎事业未就,半途停顿,良可扼腕。"李升伯还描绘了电厂建成后的远景:"仅以一、副厂言之,每日即可省燃煤斤五十吨,通年计省银十五万两。此外所余电力尚可分给其他工厂或电灯公司之用。不特此也,当地打米、榨油、织布,一切小工业亦将陆续兴起,尚有附带收入。故为本厂未来节省计,为发展地方工业、宽裕民生计,则规划电厂实为迫不容缓之图。"[2]

在李升伯的力主下,大生董事会通过了筹建电厂的计

---

[1]龚玉和、龚励:《李升伯传》,浙江工商大学出版社2015年版,第218页。
[2]《南通大生第一纺织公司民国二十年股东会议事录》,B402-111-39。

划,并与上海银团达成协议,依旧在天生港建设电厂。经过勘察,天生港电厂选址天生港大达轮步公司通靖轮步码头西侧空地30亩。订购英国拔柏葛25吨锅炉两座,德国蔼益吉厂5 000千瓦发电设备一组。1934年年底,天生港电厂发电,由22 000伏输电线路,从天生港经唐家闸输送至城区,再由城区延伸到江家桥大生副厂。张謇的电厂构想,通过李升伯——这位真正理解张謇宏愿的企业家的接力,至此终于得以实现。

主要参考文献

南通市档案馆馆藏大生档案、民国档案、人物档案穆烜全宗。

徐家汇藏书楼藏《密勒氏评论报》《海关十年报告》。

耶鲁大学神学院图书馆藏《世界召唤》、高诚身夫妇档案（中国文献项目个人档案汇集）。

"中研院"近代史研究所档案馆藏外交部门和经济部门档案。

李明勋、尤世玮主编：《张謇全集》，上海辞书出版社2012年版。

张季直先生事业史编纂处编：《大生纺织公司年鉴（1895—1947）》，江苏人民出版社1998年版。

《大生系统企业史》编写组：《大生系统企业史》，江苏古籍出版社1990年版。

南通市档案局（馆）编：《西方人眼中的民国南通》，山东画报出版社2012年版。

南通市档案馆、张謇研究中心编：《大生集团档案资料选编（盐垦编Ⅴ）》，方志出版社2017年版。

南通市档案馆编：《南通解放》，中国文史出版社2017年版。

朱江、朱圣明：《〈世界召唤〉中的南通》，2016年，未刊稿。

南通天生港发电有限公司、南通市档案馆编：《张謇与天生港电厂》，国家图书馆出版社2021年版。

林举百：《近代南通土布史》，南京大学学报编辑部,1984年版。

中国人民银行上海市分行金融研究所编：《上海商业储蓄银行史料》，上海人民出版社1990年版。

徐雪筠等译编：《上海近代社会经济发展概况（1882—1931）——〈海关十年报告〉译编》，上海社会科学院出版社1985年版。

上海市工商行政管理局、上海市第一机电工业局机器工业史料组编：《上海民族机器工业（上）》，中华书局1966年版。

王祖询、周长森、张敬礼等著，卢康华整理：《蟫庐日记（外五种）》，凤凰出版社2016年版。收入复旦大学图书馆藏张敬礼《养性室日记》，记事自1928年1月23日至8月6日。

财政科学研究所、中国第二历史档案馆：《民国外债档案史料（第四卷）》，档案出版社1990年版。

徐义生：《中国近代外债史统计资料（1853—1927）》，中华书局1962年版。

上海社会科学院经济研究所编：《荣家企业史料（上册）》，上海人民出版社1962年版。

章开沅：《开拓者的足迹——张謇传稿》，中华书局1986年版。

章开沅：《张謇传》，中华工商联合出版社2000年版。

章开沅、田彤：《张謇与近代社会》，华中师范大学出版社2001年版。

周学恒主编：《中国档案事业史》，中国人民大学出版社1994年版。

朱江：《麦文果》，苏州大学出版社2013年版。

朱圣明：《〈世界召唤〉中张謇数据的分析与研究》，《档案与建设》2017年第2期。

朱江、朱圣明：《耶鲁查档记》，《中国档案》2015年第10期。

朱江：《吴寄尘生平考述》，《近代史学刊》第25辑，社会科学文献出版社2021年版。

后 记

《大生档案》是我一直酝酿写作的一本书，原因不仅在于大生档案本身的价值，还在于我跟大生档案的缘分。回望31年的档案生涯，大部分时间与大生档案有联系，无论是最初的大生档案整理，还是后来的征集，或者宣传和编研，都与之密不可分。我的档案工作历程，几乎就是与大生档案相伴的过程。大生档案里，有着我参与整理和征集工作的痕迹。大生档案不仅仅是我的工作对象，也是我多年来不断探索档案管理理论和近代中国历史的资料源泉。人生能有机会长时间与如此珍贵的档案相伴相处，值得，无悔。

《大生档案》原本安排在五年以后着手写作，算是给自己的档案生涯一个总结。但在南通市江海文化研究会尤世玮和沈玉成两位前辈的勉励和支持下，现在提前交上一份答卷。虽然文稿是在短短的几个月时间内完成的，但资料收集工作持续多年，书的框架很早就已构思，很多内容其实一直在研讨中，相当部分篇幅已经成文，有的已经在报刊发表。尽管还有不如意之处，好在有不少真正关心我的师友，就静等他们善意的教益吧。

《大生档案》的写作过程，是个人努力与外力推动的一个过程。书稿的最终完成，离不开周边的工作环境，离不开很多人的关心和帮助。南通学者张廷栖、庄安正、戴致君予以关切和慰藉。江苏省档案馆的徐立刚、方毓宁给予学术支持。陶莹、汤道琳提供了周到的查阅服务。陈春华对书稿提出建议。朱慧多次核校书稿。华中师范大学田彤教授是我学业上的导师,他的教诲让我受益匪浅。感谢所有在工作中支持我的人,恕我无法在此一一列举。

今年5月28日,我十分敬重的章开沅先生去世。《江海晚报》总编辑宋捷约我写一篇纪念文章,我在当天下午写就的题为《怀念章开沅先生》的文章末尾,是这样表达的:"对章先生最好的怀念,大概就是创作出优秀的张謇研究成果,来回报也许永远也报答不尽的他的关爱。"大家风范在章先生身上体现得淋漓尽致,他不仅治学严谨,成就卓然,更是无私地扶掖年轻学者。有幸得到先生的关爱和激励,成为我人生前行的重要助推力。《大生档案》固然稚嫩,相信持之以恒,一定会有能够让自己满意,并足以告慰章先生的作品问世。

做点学问,对于我来说没有任何来自考核和评价的压力,纯粹是出于兴趣,也有一份责任感。感谢家人对我的理解和支持,让我任性地挥霍时间和有限的财力。我特别感恩我的母亲周士兰,她坚毅的性格,笑对人生的态度,影响并激励着我前行,每个礼拜天见过母亲,都是我安心投入到下一周工作和生活中去的动力。

朱 江

2021年8月20日

责任编辑薛华强严谨而宽厚,他在注释方面的要求,提升了本书的学术性。封面"大生档案"四个字,系黄为人集张謇书法而成。2022年4月15日,国家档案局办公室下发档办函〔2022〕93号文,《大生纱厂创办初期的档案》被列入联合国教科文组织2022-2023年度《世界记忆亚太地区名录》中国提名申报的候选项目。经审核，6月15日，《大生纱厂创办初期的档案》申报书由国家档案局提交联合国教科文组织世界记忆亚太地区委员会。

2022年7月11日补记